国家体育总局备战奥运会科研攻关与科技服务项目（编号：2011A034）

中国拳击运动科学训练理论与实践

臧广悦　著

北京体育大学出版社

策划编辑：王英峰
责任编辑：孙　静
责任校对：邓琳娜
版式设计：久书鑫

图书在版编目（CIP）数据

中国拳击运动科学训练理论与实践 / 臧广悦著. --
北京 ：北京体育大学出版社，2023.1
ISBN 978-7-5644-3774-9

Ⅰ. ①中… Ⅱ. ①臧… Ⅲ. ①拳击－运动训练法－研究－中国 Ⅳ. ①G886.12

中国国家版本馆 CIP 数据核字(2023)第 005886 号

中国拳击运动科学训练理论与实践　　臧广悦　著
ZHONGGUO QUANJI YUNDONG KEXUE XUNLIAN LILUN YU SHIJIAN

出版发行：北京体育大学出版社
地　　址：北京市海淀区农大南路 1 号院 2 号楼 2 层办公 B–212
邮　　编：100084
网　　址：http://cbs.bsu.edu.cn
发 行 部：010–62989320
邮 购 部：北京体育大学出版社读者服务部 010–62989432
印　　刷：三河市龙大印装有限公司
开　　本：710mm×1000mm　　1/16
成品尺寸：240mm×170mm
印　　张：13.75
字　　数：176 千字
版　　次：2023 年 1 月第 1 版
印　　次：2023 年 1 月第 1 次印刷
定　　价：98.00 元

前　言

《中国拳击运动科学训练理论与实践》是中国拳击运动参加2008年北京奥运会、2012年伦敦奥运会和备战2020年东京奥运会阶段,重点运动员在训练和参赛过程中科学训练实践的分析和总结,以及对国外优秀拳击运动员发展的归纳，基本上可以反映目前中国拳击运动科学训练理论与实践中的原则及观点。本书基于运动实践中中国拳击运动的训练理念和思路，通过梳理重点运动员在奥运备战过程中对重点问题的解决方案，以及项目规则出现重大改变时的应对策略和方法，提出中国拳击运动科学训练的理论和实践。在体育生物科学研究过程中，研究人员通常难以评价具体手段和方法的正确与否，本书结合重点运动员在备战过程中的科学训练实践，对具体问题和高度个性化的解决方案进行辩证思考，为中国拳击运动的可持续发展奠定基础。

本书是围绕国家拳击队重点运动员备战近几届奥运会过程中科学训练的问题，对中国拳击运动取得优异成绩的科研实践进行的总结和理论思辨。本书的实践架构和层次包含以下三个方面。

第一,本书以对中国拳击运动科学训练的理解和认识作为开篇，详细阐述了拳击运动的特点和规律，介绍了中国拳击运动的发展历程，训练计划的制订和实施、医务监督和营养监控等，形成了中国拳击运动科学训练的基本模式和框架。

第二，本书以2012年伦敦奥运周期国际拳联更改规则为契机，详细介绍了国家拳击队的应对策略和具体实施方法，在技术、战术、体能、心理和智能方面为参加2012年伦敦奥运会奠定坚实的基础，为面临重大变革的项目提供了应对方案。

第三，本书以邹市明、张小平等重点运动员在奥运备战过程中遇到的主要问题为主线进行针对性研究，通过对训练计划、营养补充及科研保障等方面的介绍，详细说明了具体的指导思想和工作方案。

目　录

第一章　中国拳击运动的特点与规律 ……………………… 001
第一节　拳击运动的概述……………………………… 002
一、拳击运动的发展过程 ………………………………… 002
二、中国拳击运动的发展过程…………………………… 003
第二节　拳击运动的特点……………………………… 007
一、拳击运动的研究进展 ………………………………… 007
二、拳击运动的项群特点 ………………………………… 014
三、拳击运动员的竞技能力 ……………………………… 015
四、拳击比赛的胜负特点 ………………………………… 024
第三节　拳击运动的制胜规律………………………… 025
一、制胜规律的核心内容——制胜因素 ………………… 027
二、制胜因素的内涵 ……………………………………… 028
三、制胜因素的表现形式 ………………………………… 033
第四节　中国拳击运动的制胜规律 ………………… 039
一、中国拳击运动的训练指导思想……………………… 039
二、中国拳击运动的科学训练思路……………………… 041
第五节　国家拳击队奥运备战的思路与方法 ……… 057
一、整体规划和系统训练 ………………………………… 057
二、因材施“训”和全面提高…………………………… 069
第六节　优秀拳击运动员模型………………………… 072

一、国外高水平拳击运动员的特点 ……072
二、中国拳击运动存在的问题 ……079
三、中国高水平拳击运动员的竞技能力特点 ……082
第二章 中国拳击运动的科学训练实践 ……087
第一节 比赛规则改变后的拳击运动 ……088
一、比赛规则改变对拳击运动的影响 ……088
二、比赛规则改变后拳击运动的特点 ……088
第二节 拳击运动员体能训练及监控方法 ……101
第三节 适应新规则的合理体能安排和保障 ……111
一、比赛过程中的体能分配战术 ……111
二、适宜的体重控制 ……112
三、合理的营养调控 ……126
第四节 拳击项目新计分系统的设计和特点 ……131
一、新计分系统的设计 ……131
二、新计分系统的特点 ……135
第五节 拳击项目新计分系统下不同类型运动员的应对策略 ……150
一、新计分系统对不同类型拳击运动员的影响 ……150
二、重点运动员个人打法类型比较分析及应对策略……159
三、针对新计分系统的训练方法 ……163
四、新计分系统对临场指挥的影响及应对策略 ……166
第三章 邹市明备战 2012 年伦敦奥运会的科学训练实践……169
第一节 邹市明备战 2012 年伦敦奥运会的科学训练概述 ……170
一、奥运备战新问题和挑战 ……170
二、科学训练监控的目的和意义 ……171

第二节 制约邹市明竞技能力关键问题的解决方案 ……… 172
一、制订伤病的诊治与康复方案 …………………… 172
二、建立个性化训练方法和训练体系 ………………… 174
三、建立个性化训练的监控模式 …………………… 178
第三节 邹市明备战过程中的体重控制和营养支持 ……… 185
一、赛前体重控制 ………………………………… 185
二、营养支持 …………………………………… 189
第四节 对对手的技战术分析和应对策略 ……………… 189
一、邹市明参加2012年伦敦奥运会的对手资料 ……… 189
二、形势分析 …………………………………… 192
三、主要应对策略 ………………………………… 192
第五节 比赛期间的个性化预案 ……………………… 193
一、2012年伦敦奥运会赛程解读 …………………… 193
二、科研保障方案 ………………………………… 194
三、营养补充注意事项和反兴奋剂事宜的有关规定 …… 195
四、详细日程计划 ………………………………… 196
第六节 个性化的赛前心理训练和赛中心理调控 ……… 198
一、邹市明2012年伦敦奥运会赛前的心理状态特征 …… 199
二、邹市明2012年伦敦奥运会赛前心理调控 ………… 203
参考文献 ………………………………………… 209

第一章

中国拳击运动的特点与规律

第一节　拳击运动的概述

一、拳击运动的发展过程

拳击运动是一项在正方形的围绳内进行的运动项目，拳手佩戴特制的柔软手套和护具，在规则限定的条件下进行两人对抗。同时它又是一项双方拳手在力量、技术、意志和智慧等方面进行较量的运动项目。因此，拳击运动也被称为一项勇敢者的运动。

拳击运动源远流长，人类为了生存和竞争的需要发明了拳击运动。最初，它只是保护人们生命财产的一种手段。拳击运动在公元前 688 年第 23 届古代奥运会上被正式列为竞赛项目，并逐渐在古代奥运会上占有重要地位。当时古希腊人十分崇尚拳击，十分重视拳击在增强体质与培养勇敢精神方面的价值。公元前 616 年少年拳击比赛又被列为第 41 届古代奥运会比赛项目。1904 年现代拳击运动被列入第 3 届现代奥运会，成为正式比赛项目，并成为奥运会中比较重要的比赛项目。

随着拳击运动的发展，现代拳击运动被分为奥运拳击和职业拳击两大体系。奥运拳击是奥运会的正式比赛项目，同时包括和奥运拳击相对应的各级各类拳击比赛。奥运拳击以增进拳击爱好者和运动员的身体健康，培养其顽强拼搏、机智勇敢和英勇善战的优良品质为目的，适应广大拳击爱好者健身和竞技的需要，以提高拳击运动员技术水平和增进各国人民的友谊为宗旨，代表着拳击运动健康向上的发展方向，是世人所共同希望和倡导的勇敢顽强、努力拼搏的竞技精神的具体体现。职业拳击与奥运拳击有着很大的不同，在赛制、规则、比赛目的等方面都有着极大的差异。职业拳击中拳手把拳击运动作为自己的职业，受金钱的控制和拳击运动商品化的深刻影响，受雇用于职业俱乐部和富豪，所有赛事和活动都要受经纪人和俱乐部的控制和安排。

奥运拳击在 2008 年北京奥运会之前仅设男子项目，2008 年北京奥运会总共设有 11 个男子级别。在 2009 年 8 月在柏林召开的执委会上，国际奥委会确认女子拳击项目成为 2012 年伦敦奥运会正式比赛项目。女子拳击项目设 3 个级别，原来的 11 个男子级别也变成了 10 个级别。这样，奥运拳击项目金牌比之前便多出了 2 枚。2016 年里约奥运会级别总数不变。2020 年东京奥运会设立 13 个级别，其中男子 8 个级别，女子增加到 5 个级别。男女级别数量更加接近。

奥运拳击比赛项目实行过 3 分钟 3 回合制、2 分钟 5 回合制、2 分钟 4 回合制，从 2009 年开始，男子比赛项目又变成 3 分钟 3 回合制，回合间休息 1 分钟，全程共计 11 分钟。目前，女子比赛项目也从原来的 2 分钟 4 回合制变成了跟男子比赛项目一样的 3 分钟 3 回合制，比赛中男性拳手必须佩戴护齿、护裆、拳击手套等护具，女性拳手必须佩戴头盔等，在保证比赛观赏性的基础上，最大限度地保护双方运动员。

二、中国拳击运动的发展过程

我国拳击运动于 20 世纪 20 年代后期由菲律宾的一些乐师引进，在随后的发展过程中逐渐被人们认可，尤其在抗日战争时期影响很大，出现了多名拳击知名人士。遗憾的是，我国拳击运动曾经一度中断了 27 年，直到 1986 年才正式恢复。

自拳击运动恢复以来，我国拳击运动逐渐形成一定规模，并走向正规的发展道路，但是由于我国正式开展拳击运动时间较短，运动员经验不丰富，技术水平较低，虽然参加了一些大型比赛，但是并没有取得非常理想的成绩。在 1988 年汉城（首尔）奥运会上，我国拳击运动员刘栋只进入了前 8 名。随后几年随着我国拳击运动的发展，运动员技术水平有了一定的提高，也取得了相对不错的成绩。1990 年在第 11 届亚运会上，我国运动员白崇光获得 51 公斤级冠军；1993 年在亚洲拳击锦标赛上，我国运动员江涛获得 91 公斤级冠军；1993 年在第 1 届东亚运动会上，我国拳击运动员共获 4 枚金牌、4 枚银牌、3 枚铜牌；1994 年在广岛亚运会上，我国拳击运动员获 1 银 2 铜；1994 年在第 7 届世界杯拳击赛中，我国运动员单孝强获得 54 公斤级第 7 名；1995 年在亚洲锦标赛上，我国拳击运动员共获得 4 枚铜牌；1997 年在第 2 届东亚运动会上，我国拳击运动员获得 5 银 5 铜的好成绩。这一阶段我国拳击运动获得了长足的进步，在一些比赛中取得了不错的成绩，但是总体实力与世界强队还具有较大的差距，我国拳击运动在这一时期从未在奥运会中获得奖牌。1996 年在亚特兰大奥运会上，我国拳击运动员江涛获得了 91 公斤级拳击比赛的第 5 名，这是当时我国拳击运动员在奥运会拳击比赛中取得的最好成绩。这一成绩的取得，极大地鼓舞了我国拳击运动员的士气，为在后来的国际大赛中取得更好的成绩树立了信心。

2000 年悉尼奥运会后，我国拳击运动决策者进行了认真的总结和反思，根据世界拳击运动的发展趋势和我国拳击运动的发展现状，将中、小级别作为冲出亚洲、走向世界的突破口，并根据对拳击项目的认识，结合我国拳击运动员的特点，总结出我国拳击项目的突破因素为“快、全、连、变、准”。这体现了我国拳击运动决策者对拳击项目特点及本质特征有了更深的理解，这一认识过程的转变，也促进了我国拳击运动员在奥运会拳击比赛中成绩的提高。在 2004 年雅典奥运会上，邹市明获得了男子 48 公斤级的铜牌，实现了我国拳击项目奥运奖牌零的突破。

2004 年雅典奥运会后，随着拳击运动决策者对我国拳击运动特点认识的不断提高，我国拳击运动进入快速发展的阶段。训练理念的转变和对拳击运动认识水平的提高，为我国拳击项目在国际大赛上取得好的成绩提供了保障。在 2007 年芝加哥世锦赛上，邹市明蝉联了 48 公斤级的冠军，其他运动员还获得了 4 枚铜牌和 2 个第五名，共获得了 7 张北京奥运会入场券，取得了前所未有的战绩。在 2008 年北京奥运会上我国拳击运动员不负众望，以 2 金、1 银和 1 铜取得了历史最好成绩，同时也开创了我国拳击运动新的历史篇章，创造了亚洲国家在奥运会拳击比赛中的最好成绩。2012 年伦敦奥运会上邹市明成功卫冕，女子拳击也初露锋芒，获得 1 银 1 铜的好成绩。

以上优异成绩的取得得益于拳击运动决策者认识拳击运动的特点，理解我国拳击运动的制胜规律，把握我国拳击运动的特点，认真分析对手的技术特点，并突出我国拳击运动员的长处。为了使我国拳击运动水平进一步提高，争取取得更好的成绩，拳击运动决策者应进一步研究拳击运动的特点和制胜规律，全面分析制胜因素，把握我国拳击运动的特点，突出优势，为取得更加辉煌的成绩提供指导。

回顾我国拳击运动的发展过程，辉煌成绩的取得体现了我国拳击运动的发展水平，展示了我国拳击运动员的实力，同时也体现了拳击运动决策者的智慧。这与他们结合我国拳击运动员的特点，采取了科学的训练方法和有效的备战战略是密不可分的。

我国拳击运动决策者结合我国拳击运动员的体能和身材特点，十分明确地把中、小级别作为走向世界的基本战略，且这一战略已发挥功效。在历届奥运会上亚洲国家的选手获得了小级别项目的数枚奖牌，而且亚洲国家在中、小级别项目上具备与世界拳击运动强国抗争的实力，特别是中国、蒙古国、泰国及韩国等国家的运动员在历届奥运会上获得的奖牌多数集中在中、小级别上，原因在于亚洲国家的中、小级别运动员的肌肉类型、身材比例及力量、速度、灵敏等身体素质与欧美国家运动员相比并无差距，而且我国在小级别项目中取得的成绩也证明了亚洲国家的技战术及训练方法是非常先进的。我国拳击运动近年来所取得的成绩都是建立在我国拳击运动决策者对拳击运动本质及制胜规律认识不断提升的基础上的。我国拳击运动决策者只有对运动规律进行深入研究，不断揭示拳击运动的本质，把握拳击运动的规律，大胆改革与创新，科学有效地组织训练和比赛，才能够保证运动员的水平不断提高，保证取得良好的成绩。

现代竞技运动实践表明，任何项目的专项训练，都是为了挖掘和提高运动员的专项竞技能力，运动员的技术风格、战术水平和体能储备等方面决定了其竞技能力以及成绩。竞技能力是运动员参加比赛的能力，包括技术、战术、体能、心理和智能五大要素，这些竞技能力构成要素是项目发展最基本的构件。低水平教练员和高水平教练员的差距就在于对这五大要素的整合能力，以及综合认知和选择方法等能力的差异。按照项群理论，拳击运动属于技能主导类格斗对抗性项群，在该项群中体能、技术、战术起到决定性作用，心理和智能起到重要的作用。然而拳击运动是一项复杂的对抗性运动，教练员对拳击项目竞技特征的认识，决定了其对运动员在训练过程中关键环节的把握。在对拳击运动竞技特征深刻认识、理解的基础上，根据个体运动员的特点来加强其核心竞技能力，这样才能提高运动员在比赛中的对抗能力。竞技能力是拳击运动员的专项能力，通过对竞技能力特征的研究和分析，教练员对拳击运动特点的认识更加深入、全面，从而更好地理解拳击运动的本质，把握拳击运动的制胜规律，为运动员取得更好的成绩提供帮助。

第二节　拳击运动的特点

拳击运动的特点是对拳击运动存在的一般特征和专项特征的概括。特征是指一个项目区别于其他项目的显著标志，对某一运动的特征的认识过程就是逐渐掌握制胜规律的过程。对某一运动的特征及制胜规律的认识和把握是运动训练行为的前提，教练员对该运动的特点及制胜规律的认知程度决定了该运动的发展水平。教练员对训练方法的设计、训练计划的制订及训练内容的选择等都离不开其对运动特点及制胜规律的认知。

对拳击运动的特点、制胜因素及制胜规律的深入分析，在理论上可以丰富我国拳击运动的理论体系，在实践上可以对拳击训练起到一定的指导作用。分析拳击运动的特点及制胜因素、明确规则变化对拳击运动发展趋势的影响及总结国家拳击队在训练和参赛方面的经验，可以帮助教练员提高对拳击运动本质的认识，总结出提高拳击运动员竞技能力的切实有效的方法和手段，这不仅可以直接指导训练实践活动，而且具有现实的指导意义，可以为我国拳击运动员备战国际大赛提供有益的参考和指导。

一、拳击运动的研究进展

笔者查阅国内文献，关于拳击运动的研究主要集中在拳击运动技术、训练方法层面，少有系统地对拳击运动的特点及制胜规律进行研究的文献。本部分总结了有关拳击运动的特点及制胜规律、运动员身体形态特征、身体机能、身体素质、技战术、心理及智能等方面的文献资料。

（一）对拳击运动的特点及制胜规律的研究

所谓制胜规律，是指在竞赛规则的限定下，人们在竞赛中战胜对手、争取优异成绩所必须遵守的准则。竞技实践活动的选材、训练、管理、决策等活动，都必须服从于制胜规律的要求，都为它所决定，都必须受它的制约。由于竞争的复杂性，竞技项目中的制胜因素不是单一的，而是一个“群”。它们之间相互联系又相互制约。

魏金平在《对拳击运动规律、发展趋势及制胜要素的探讨》中指出，研究制胜规律必须建立在动态和发展的基础上；创新要建立在对本项目内在规律的认识及技术发展趋势的正确把握上，而且这种认识和把握一定要与时俱进，并紧密地与实际相结合；制胜因素的确立，必须建立在对“三从一大”（从难、从严、从实战出发、大运动量训练）科学训练原则和“两严”（严格管理、严格要求）方针坚定不移的贯彻上。[①]

王德新在《全国拳击高级教练员培训班讲稿》中指出，拳击运动的特征是运动员在比赛中所表现出来的项目实质内容，而这些内容将会直接影响运动员的比赛结果。拳击运动特征研究的内容包括技术特征、战术特征、体能特征、心理特征、比赛特征、环境特征和形体特征七个方面。该文章对拳击运动的制胜规律进行了全面、详细的描述，针对我国拳击运动各方面的特点，总结出了我国打造拳击世界冠军的模型和标准，包括：①技术全面。进攻、相持和防守能力均衡。②特长突出。速度快、反复能力强，距离感好。③体能出众。专项能力强，有较强的连续能力。④作风顽强。完成训练任务不折不扣。⑤心理素质过硬。积累了一定的大赛经验，有比较

① 魏金平. 对拳击运动规律、发展趋势及制胜要素的探讨[J]. 安徽体育科技，2008（4）：44－46.

稳定的心理承受能力，大赛心理日趋成熟，但仍然需要磨炼和完善；⑥智慧过人。整体素质较高，头脑聪明，爱钻研、动脑筋。[①]

（二）对运动员身体形态特征的研究

身体形态特征是影响拳击运动员竞技水平的因素之一。身体形态是指机体的形状特征，是运动员从事某项竞技运动的基础。针对多数运动项目的研究结果表明，运动员具有最佳的身体形态有利于比赛的成功。

冯连世在《优秀运动员身体机能评定方法》中指出，拳击运动中各体重级别高水平运动员的身高相对较高、上肢较长、肩带肌群发达和身体脂肪含量较低。[②]

巴义名对我国 40 名优秀拳击运动员和 41 名一般水平的拳击运动员的身体形态各项指标进行的测试发现，不同级别的男子拳击运动员优秀组与一般组大部分在形态指标上没有显著性差异，但是反映身体成分的体脂率、瘦体重等指标优秀组好于一般组，这说明身体充实度好的拳击运动员无论是对抗能力还是抗击打能力都比较强。优秀拳击运动员臂展长、上肢及躯干肌肉发达、强健有力、匀称、体脂率比较低，这是其共同特点。[③]

（三）对运动员身体机能的研究

身体机能是指机体各器官系统的功能，拳击运动是对抗性的竞技项目，它要求运动员在短暂的时间内，最大限度地发挥体能潜力，其基本生理特点是“大脑皮层兴奋过程占优势，并以无氧代谢供能

---

① 王德新. 全国拳击高级教练员培训班讲稿[R]. 武汉：武汉体育学院，2009.

② 冯连世. 优秀运动员身体机能评定方法[M]. 北京：人民体育出版社，2003.

③ 巴义名. 我国优秀男子拳击运动员竞技能力特征及选材标准的研究[D]. 北京：北京体育大学，2007.

为主要供能形式”[①]。

高维纬在《中华人民共和国第八届运动会拳击比赛调研报告》中指出，随着业余拳击手水平的提高和比赛激烈程度的增加，以及近年来业余拳击比赛规则的一些改变，目前的拳击运动专项耐力素质的特点是以无氧代谢供能为主。[②]

吴正平等人的研究认为，心率的变化可以反映出机体在运动中的机能水平、能量代谢、训练负荷及机能恢复程度。[③]在激烈的拳击比赛中心率几秒内就可以上升到180次/分，这就需要运动员具备良好的心肺功能、呼吸功能、心血管功能、血液循环系统及强健的神经系统。

（四）对运动员身体素质的研究

身体素质是指机体在活动时所表现出来的各种基本运动能力，包括速度、耐力、力量、柔韧和灵敏等，分为一般身体素质和专项身体素质。

根据尹剑强的研究，速度素质是人快速完成动作的能力和动作反应时间的总称，速度的快慢体现了拳击运动员身体素质的优劣，是每个拳击运动员不可缺少的一项素质，进攻和防守都要有速度。拳击运动的速度指标包括反应速度、动作速度、位移速度。

中国拳击协会前主席张传良认为，拳击运动具有较高的竞技性和对抗性，这就要求拳击运动员具备良好的身体素质，包括反应灵敏、动作敏捷、快速击打力量大、启动速度快、协调性好、柔韧性

---

① 杨锡让. 实用运动生理学[M]. 北京：北京体育大学出版社，1998.

② 高维纬. 中华人民共和国第八届运动会拳击比赛调研报告[R]. 北京：组委会科研部，1997：267－272.

③ 吴正平，臧广悦，毛国政. 优秀拳击运动员教学实战中心率的变化特点[J]. 中国体育教练员，2009（1）：50－51.

好和平衡能力好。

崔松等人在《我国高水平拳击运动员专项素质训练现状及对策研究》中指出，拳击运动专项素质是运动员在控制好体重的基础上，在比赛中所具备的体能，包括动作的耐力、速度、力量，身体的灵活程度、抗击打能力，技战术素质，比赛经验，较强的心理承受能力和随机应变的智能等。[①]

宋红海等人在研究中指出，拳击运动是典型的速度–耐力、速度–力量项目，运动员成绩在很大程度上取决于专项力量、专项耐力的有效发展。[②]专项力量包括最大力量、速度力量和力量耐力，是每个拳击运动员所必须具有的身体素质。进行专项力量训练可以满足拳击运动员在全面身体素质发展中三个主要方面的需要。一是提高作为一般身体素质发展重点的肌肉耐力及身体经受一场格斗的冲撞和压力的能力；二是提高速度，加大在进攻和防守中的击打力量，以及两脚移动的力量；三是通过使肌肉在最大范围内活动增强肌肉力量，促使关节具有最大的灵活性。这充分说明力量素质，尤其是专项力量素质是影响拳击运动员竞技能力的关键素质之一。

巴义名通过对拳击运动员竞技能力的研究，总结出在拳击运动员各项身体素质中，速度素质、速度–力量素质和灵敏素质是核心素质。[③]拳击运动员的第一素质是由速度素质、速度–力量素质和灵敏素质构成的。拳击运动员的第二素质是肢体、腰腹力量素质。拳

① 崔松，刘旭东，刘庆华．我国高水平拳击运动员专项素质训练现状及对策研究[J]．解放军体育学院学报，2002（4）：35–38.

② 宋红海，樊庆敏，臧广悦．规则变化对我国拳击运动发展趋势影响的研究[J]．北京体育大学学报，2012（1）：116–119.

③ 巴义名．我国优秀男子拳击运动员竞技能力特征及选材标准的研究[D]．北京：北京体育大学，2007.

击运动员的第三素质是混合供能状态下的基础耐力素质和乳酸能供能状态下的速度–耐力素质。这是由拳击项目一场比赛、每局比赛规定的时间和竞赛的激烈程度所决定的。

（五）对运动员技战术的研究

何建迎在其研究中指出，拳击运动的技术就本质来讲，其目的和作用就是攻击对手而不被对手攻击，或是化解对手的进攻并对其进行反击。[①]运动员为了取得比赛的胜利，对技术进行选择、运用，不同的运动员根据自身的条件选择不同的技术，并对技术加以不同的运用，由此产生了不同的技术风格。

王海峰等人通过调查研究发现，拳击比赛规则改变后，运动员使用组合拳次数明显增多，组合拳击技术在比赛中起到至关重要的作用，也是战胜对手的有效拳法；回合时间的延长促使双方运动员使用更多的防守反击技术。[②]

王新坤等人通过研究发现，我国部分优秀男子拳击运动员在前手直拳中肩、髋、膝、踝的速度均呈现递增趋势，拳的速度也呈现同样的变化趋势；髋关节对重心速度和重心移动距离有直接影响；前手直拳出拳的力量与后脚蹬地获得的反作用力及髋关节扭转产生的力量有关。[③]

（六）对运动员心理及智能的研究

随着拳击技战术水平的不断提高，运动员在技战术方面的能力越来越接近，竞争也日益激烈，比赛的制胜因素已不再是单纯的技

---

① 何建迎. 国内外中、小级别优秀拳击运动员技战术对比研究[D]. 武汉：武汉体育学院，2006.

② 王海峰，王宾，祁国鹰，等. 新规则对拳击运动员技战术的影响[J]. 北京体育大学学报，2010（3）：120－124.

③ 王新坤，李东鹏. 我国部分优秀男子拳击运动员前手直拳技术的运动学特征分析[J]. 沈阳体育学院学报，2009，28（4）：102－105.

术和战术竞争，心理和智能因素越来越被重视，已经成为现代拳击比赛中的关键制胜因素。

周腊根通过研究指出，拳击运动员的首要品质是主动性和独立性，主要品质是果断性和勇敢性，必要品质是自治性、顽强性和坚定性。拳击运动员要活泼好动、机智勇敢、动作麻利、勇于冒险、头脑清晰、富有想象力和自制力、接受能力强。

张传良认为，拳击运动员个性心理特征包括反应灵敏、活泼好动、模仿和接受能力强、善于思考、果断机敏、快速勇猛、不服输、拼劲足、勇敢顽强、神经兴奋性好。

满仕彪和袁季风通过研究认为，心理素质是拳击运动员必备的素质。①现代拳击运动要求运动员适应复杂的训练和竞赛环境，应对千变万化的攻防技术，消除紧张情绪，提高心理适应能力，形成精确的知觉和控制动作的时间感、节奏感、距离感。良好的心理素质，则是取得比赛胜利的重要保障。

综上所述，结合国内针对拳击运动的研究文献来看，当前针对我国拳击运动的研究大多集中在技战术的应用、运动素质及心理表现方面，而且大部分研究都停留在简单的技术统计或描述上，缺乏深层次系统的、结构性的研究，对拳击运动员竞技能力特征、竞技能力结构、拳击运动本质及制胜因素方面的全面研究相对较少。从学者的研究现状看，对拳击运动员竞技能力构成要素中某一要素特征的研究相对较多，而对拳击运动员竞技能力各要素结构特征的系统研究较少，而且在研究中往往忽视了不同级别运动员之间竞技能力特征的差异，对拳击运动本质的把握不够准确。因此，本书对拳击运动的特点、本质特征及制胜因素的系统研究，具有一定理论价

---

① 满仕彪，袁季风. 拳击运动员的心理素质分析与训练[J]. 安徽体育科技，2002，23（4）：14－15.

值和实践意义。

二、拳击运动的项群特点

拳击运动有着悠久的历史，在古代奥运会中就是一项非常重要的比赛项目。现代拳击运动起源于18世纪的英国，在第3届现代奥运会上，拳击项目成为正式比赛项目。中国拳击运动从1986年才正式恢复，与国际拳击运动百年的发展历史相比，我们还有很长的路要走。

拳击运动是一项对抗性运动项目，运动员按照体重分级别进行比赛，比赛有回合和时间限制。在拳台有限的空间内，双方运动员在比赛规则的限定下依靠击打对手得点获胜。拳击运动是体现综合技术和全面能力的快速力量项目，要求运动员具备快速应变能力，是快速力量对抗的最高表现，是运动员技能、智能、体能和意志的综合较量，所以拳击运动是最复杂的竞技运动之一。拳击运动要求运动员在比赛时面对瞬息万变的赛场情况，能在极短的时间内准确地了解对手的基本状况，同时还要迅速做出判断并采取相应的行动，利用强而有力的身体和娴熟的技术、多变的战术进行攻击和防守，并且要具有战胜对手的信心和勇敢顽强的意志。参加拳击比赛的运动员必须经过长期系统的训练，练就强健的体魄，掌握优良的技术，灵活运用多种战术，还要具有顽强拼搏、勇于争胜的意志品质。这对拳击运动员的身体素质和心理素质提出了很高的要求，是拳击运动员最明显的特点。

根据项群理论，拳击运动属于技能主导类格斗对抗性项群，在此项群中技术、战术和体能起到决定性的作用。我国拳击运动决策者通过不断深化对拳击运动的认识，总结了拳击运动的制胜因素，并结合我国拳击运动员在身体和技术方面的特点，突出了“快”字，主要体现在进攻、防守、脚下移动、攻防转换等方面；紧紧围绕着专项素质和技术，结合对出拳规律和空间位移规律的认识程度，减少出组合拳和身体移动的盲目性，解决了只重视力量、盲目拼打的问题；相对减少一般身体素质训练和大力量训练的比例，形成了目前我国拳击运动“快、全、连、变、准、控”的特点。

三、拳击运动员的竞技能力

（一）技术

拳击技术包括基本进攻技术、防守技术、反击技术，是拳击运动员核心竞技能力之一。在比赛中运动员要想取胜，就必须通过应用拳击技术去实现，所以说拳击技术是拳击运动的基础，是实现得点的手段。在比赛中技术水平会影响运动员出拳的质量、拳法组合的能力、步法与拳法的协调配合能力、防守反击的质量等，这些因素也决定了运动员进攻、防守和反击的效果，最终会影响到比赛的结果。在拳击比赛中，运动员通过击打对手有效部位得点，在比赛中多得点和少失点是取胜的关键，因此每次出拳的有效性及出拳的准确性就是取胜的重要因素。准确性是有效性的前提，只有准确击打到对手的有效部位才能得点。根据上述分析我们可以得知，准确性是拳击技术的核心，代表拳击技术的特征。

中国拳击协会前主席张传良认为，拳击是以技术为核心的对抗性项目，在训练中再大的运动量如果没有技术都是无用的，无法提高运动员的竞技水平和成绩。拳击运动的灵魂是距离差和时间差，在比赛中运动员掌握好距离，有助于掌握比赛场上的主动权，从而使自己处于有利的位置。时间差是得点的核心，较好地控制出拳的时间差能提高出拳得点效率。运动员对于出拳的快慢轻重都可以根据对手在比赛中的实际情况进行调整，让对手无法掌握自己出拳的规律，从而使自身通过这种调整合理地控制出拳的时间差，有效得点。张传良认为，拳击技术包括五个方面的内容：一是基本功，二是基本技术，三是组合能力，四是步法的变化，五是格挡和闪躲的能力。他还把拳击技术比作中国的书法。练字者从基础开始，随着书法水平的不断提高，达到书法家的水平时，就可以根据自己对书法的理解，并结合不同的风格来改变字体，形成自己独特的风格，达到灵活运用的程度。拳击技术同书法一样，运动员通过训练达到一定技术水平时，就可以根据自己的身体形态、体能、技术风格、协调性及性格做出改变。没有扎实的基本功，就不可能成为高水平的拳击运动员。

基于拳击运动不同的技术分类，结合拳击运动的一般特点、专项特点，拳击运动在基本技术的基础上，衍生出其他技术，这些技术构成了拳击运动的技术体系。在这一体系中，拳击运动按其性质、结构和功能分类，每一项分类都是一项相对独立的技术。在此我们根据拳击技术的唯一性、完整性、可操作性及有效性，把拳击运动的技术体系概括为进攻技术、防守技术和反击技术三个方面。进攻技术包含单拳技术、组合拳技术和步法技术，其中，步法技术是有效完成单拳或组合拳进攻的基础，步法的移动有助于运动员使用拳法进攻有效得点；防守技术是针对对手进攻时所采取的具体防守技术动作，包括闪躲、拍击、格挡、移动；反击技术是在完成防守动作后给予对手的反击拳，包括单拳反击和组合拳反击（图1-1）。拳击运动员技术的训练通常是通过沙袋、手靶、步法、小力量、跳绳等训练手段来完成的，而且技术训练要紧紧围绕着拳击比赛的负荷进行。

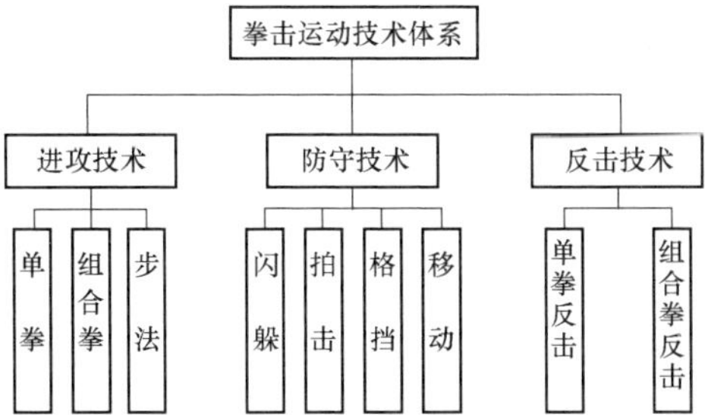

图 1－1　拳击运动技术体系结构图

（二）战术

战术是指在比赛中为战胜对手或取得预期的比赛结果而采取的计谋和行动，由战术意识、战术知识、战术形式和战术行动等构成。

拳击运动是两人交手的对抗性运动，针对对手制定合理的比赛战术是赢得比赛的关键。运动员训练是为了提高运动能力，比赛是为了取得胜利，而战术的合理应用是在技术和能力作为保障的基础上赢得比赛的关键。合理运用战术可以制约对手的发挥。

随着拳击运动的不断发展，各国运动员之间的技术水平差距逐渐缩小，因此根据运动员自身情况制定的战术就显得尤为重要。在双方运动员水平接近的情况下，取胜的关键往往在于教练员制定的战术及运动员自身的应变能力。教练员制定战术及运动员发挥自身风格的依据是在赛前对对手技术特点的研究和分析，通过研究和分析制定出针对性的打法及战术，再结合教练员临场战术意识的灌输，就确保了比赛的获胜。所以，战术能力在拳击运动中是一项至关重要的竞技能力。王德新在我国拳击项目备战 2008 年北京奥运会科研攻关项目研究中，根据拳击项目特征将拳击战术进行了梳理，分为进攻战术、防守反击战术和相持战术三类，并分析了影响拳击比赛中战术实施的因素，包括技术、距离、节奏、时机、时间差、方位、速度、力量、战术意识。

战术在拳击运动中是一项重要的竞技能力，是拳击运动员整体竞技能力的重要构成部分，在拳击比赛中起极为重要的作用。一名拳击运动员的战术水平主要体现在战术应变能力、战术意识、与教练员配合的能力和比赛成绩等方面。教练员制定战术的前提是必须充分了解和认识比赛对手的技术水平、战术特点、体能水平和心理等。根据拳击运动的对抗性及进攻和防守的特点，拳击运动战术可分为进攻战术、防守反击战术和相持战术。

拳击运动中，技术水平影响着拳击运动员进攻战术的应用效果，进攻战术的应用也能体现出一名运动员进攻的技术风格特点。拳击运动是一项两人交手的对抗性运动，其本质就是运动员通过应用各种拳法去击打对手身体的有效部位而得点。当然，比赛中对手不会轻易暴露自己的空当，双方运动员都需要通过技术来寻找、制造或引诱对手暴露空当，以便完成自己的有效进攻。进攻战术就是运动员利用掌握主动权的机会，通过个人的努力向对手发动主动进攻所做出的战术行动。

拳击运动不是一项只包含进攻的运动，双方运动员在比赛中主动进攻的同时还要时刻准备着防守和反击，这样才能在复杂的比赛环境中保持技术上的优势和得点优势。所以拳击运动是一项进攻中包含防守、防守中又包含进攻的较为复杂的对抗性运动。主动进攻不是唯一的得点方式，进攻可以得点，防守反击同样可以得点。拳击运动中的防守战术有两层含义，第一，防守战术的主要目的是化解对手进攻的同时进行反击得点；第二，运动员应用防守战术有助于在避开对手进攻的同时消耗对手的体能。防守战术的应用就是运动员根据比赛中对手的打法特点，并结合自身的战术意识，及时准确地根据场上情况随机应变，迅速而正确地决定自己的打法。运动员在应用防守战术时，需要紧密结合防守战术的两层含义，充分理解防守战术的内涵，这样才能起到良好的效果。

拳击比赛中当双方运动员技术水平相差不大时，双方运动员的进攻都很难有效得点，这时就会出现相持。这一过程中，战术运用得当，是运动员在比赛中争取主动、避免被动的主要因素，这在高水平拳击比赛中尤为重要。相持战术的关键是合理的战术运用，运动员要想在双方水平相当的拳击比赛中争取主动，使比赛形势向有利于自身的方向发展，需要对战术知识有深刻的理解，这是战术运用的基础条件，对战术知识理解的程度影响着战术运用的灵活性、机动性和有效性。

比赛中战术的应用取决于教练员和运动员赛前对对手的了解、教练员的临场指挥能力及运动员的临场应变能力。拳击运动员的打法一般有四种类型：重拳型、拼打型、防反型和全面型，比赛时运动员要根据对手的不同打法运用不同的战术，针对不同的能力水平也要用不同的对策。邹市明在 2004 年雅典奥运会上因为没有合理运用战术只获得铜牌的教训是惨痛的。在 2005 年四川绵阳世锦赛上国家拳击队教练组在战术安排方面的认识提高了。虽然邹市明是在低潮时期，但仍通过合理运用战术最终取得了世界冠军。

战术的获得是需要培养与训练的，教练员只有通过培养和训练运动员的战术意识，让运动员提高对战术的认识，才能让他们在比赛场上尽快理解教练员的指挥意图并尽快应用合理的战术。教练员对于高水平的拳击运动员更要进行战术意识的培养和训练，尤其是在大型比赛中要实施针对性训练。

通过以上分析，我们可以看出拳击运动是一项以技术和战术为主导的运动项目，战术能力在其中起到了非常重要的作用。拳击运动的战术特征主要体现在以下方面。第一，具有良好的战术意识和战术知识，这是运动员有效应用战术的基础条件；第二，运动员在比赛中要掌握主动权，并具有随时掌握出拳节奏的能力；第三，运动员可以根据对手的情况及时改变自己的战术，利用自己的特长为进攻创造机会。

（三）体能

拳击比赛是根据运动员体重分级别进行的，拳击运动员身体形态方面的特点主要包括臂展长、上肢肌肉发达、躯干呈倒三角形、强健有力、体脂率较低等。拳击比赛是对抗性的竞技项目，在身体机能方面要求运动员在短时间内，最大限度发挥体能潜力。所以，拳击运动员要具有良好的内在和外在体能表现。

1. 内在体能表现

我们在此以男子拳击比赛为例进行说明。男子拳击比赛共分为3个回合，每个回合的比赛净时间为3分钟，回合间休息1分钟，全场比赛时间为11分钟。比赛中运动员的代谢强度和能量消耗取决于对手的情况及运动员自身的特点和战术安排。根据国家拳击队在比赛中所测的数据，比赛中运动员的平均心率在180次/分以上，而且3个回合中心率呈递增的趋势，高强度的比赛后3分钟的血乳酸浓度平均在14毫摩尔/升左右。这反映了拳击运动中运动员的供能特点是以无氧代谢供能为主，这就要求运动员在良好的有氧能力的基础上具备非常强的无氧代谢能力。

此外，拳击项目是按照运动员的体重分级别进行的比赛项目。与其他格斗类比赛不同，拳击比赛要求运动员在每个比赛日的早晨称重，只要赢得比赛，那么在下一轮比赛时运动员还要继续称重，一直持续到决赛。这就意味着拳击运动员控制体重的时间较长，进入决赛的运动员在整个比赛期间都要控制自己的体重，在不能充分摄入食物的基础上还要保证比赛的体能消耗，这对拳击运动员来说是颇具挑战性的。所以长期合理有效地控制体重是拳击运动员体能保障的基础，拳击运动员的体重应长期保持在合理的浮动范围内，避免体重在比赛期间大幅度地波动。

2. 外在体能表现

通过近几年我国拳击项目在世界大赛中所取得的成绩我们可以看出，以“快”为取胜方式的打法，代表着我国拳击教练员对原有训练理念的重大转变，这一理念的转变也促使我国拳击项目在世界比赛中取得了不错的成绩。就我国拳击运动员的素质来说，首要素质就是速度素质。速度素质是拳击运动员应该具备的关键素质之一，拳击比赛比较注重运动员的爆发力，因此要求运动员无论是在出拳、移动方面还是在反击等方面都要突出“快”字。作为对抗性运动，拳击运动要求运动员具备非常强的专项力量作为保障，在注重上肢击打力量训练的同时，同样要注重腰腹部和下肢的力量训练，它们是移动、闪躲、进攻和反击的基础。同时，对颈肌力量和腹部肌肉的训练可以很好地提高拳击运动员的抗击打能力。我国拳击运动员在训练和比赛中结合自身身体特点，最大限度地发挥速度优势，有助于获得赛场上的主动权。拳击运动中的速度素质包括反应速度、动作速度和移动速度。在进攻和防守中都要有速度，不仅要出拳速度快，而且在出拳后的防守和反击中也要速度快，这样才能增加得点。所以，拳击运动员不仅要动作速度快，还要反应速度快，移动速度也要快。

力量素质是拳击运动员的主要专项素质，也是衡量拳击运动员整体水平的重要指标。拳击运动员击打对手的效果主要取决于力量的大小，良好的力量素质是有效击打的保障。力量素质包括最大力量、速度力量和力量耐力。由于拳击运动是在移动过程中对抗的技能类运动，运动员在击打时更要追求出拳的准确性和速度。所以拳击运动对最大力量的要求不是很高，而对速度力量和力量耐力具有较高的要求。在比赛中运动员每一次出拳速度的快慢都是由速度力量的大小决定的，同时运动员要在 3 个回合的对抗中连续出拳，因此力量耐力也是至关重要的。

耐力素质是指机体坚持长时间运动的能力，分为力量耐力、有氧耐力及无氧耐力。无氧耐力也叫速度耐力，是机体以无氧代谢供能为主要供能形式，坚持较长时间工作的能力。一场拳击比赛总的时间为 11 分钟，且拳击运动的供能特点是以无氧代谢供能为主要供能形式，拳击运动员要在每个回合中保持良好的进攻速度和击打力量，无氧/速度耐力和力量耐力至关重要。

柔韧素质是人体关节在不同方向上的运动能力及肌肉、韧带等软组织的伸展能力，分为一般柔韧素质和专项柔韧素质。运动员发展柔韧素质时要结合力量素质，这样不仅可以避免两者之间的不良转移，而且有助于两种素质的协调发展。拳击运动是双方运动员利用拳头攻击对方的运动项目，出拳的距离、角度、速度和效果都受身体各关节柔韧性的影响，因此对柔韧素质具有较高的要求。

灵敏素质是拳击运动员较为重要的一项素质，拳击比赛瞬息万变，不同的对手、不同的场次、不同的回合都有可能影响运动员技战术水平的发挥。能够在各种突然变换的条件下，迅速、准确、协调地改变身体运动的方向和位置，以适应条件的变化，是拳击运动员必须具备的素质。灵敏素质水平直接影响速度素质的发挥，要求拳击运动员必须具备良好的判断能力及反应速度和反应后的动作协调应变的能力。

拳击比赛还要求运动员具有非常高的协调能力，要求运动员在不同的身体姿势下能够快速连续出拳，同时在高对抗状态下能够进行重心的转换，完成闪躲、反击和防守等一系列连续的动作。

结合上述分析，并根据拳击运动竞技性和对抗性的特点，我们可以将拳击运动员的体能特征总结如下：速度素质、灵敏素质和力量素质为核心素质，柔韧素质和耐力素质为重要素质。这是由拳击比赛的特点决定的，即一场比赛和每个回合比赛规定的时间及比赛的激烈对抗性。

（四）心理

随着拳击运动的不断发展，在运动员技术水平不断完善，运动员之间技术能力相差不大的情况下，心理因素逐渐成为影响比赛成绩的重要因素，对于高水平拳击运动员而言尤为如此。高水平拳击运动员在激烈的比赛中能否取胜，心理因素占 80%，技术只占 20%。这是由于高水平拳击运动员在技术方面的实力相差不大，能否获胜往往取决于心理素质，在一些其他运动项目中也是如此。拳击运动要求运动员在比赛中具备稳定的心理素质，这样运动员才能正确、灵活地运用技战术，特别是在关键时刻，要有积极主动的比赛作风和勇敢、顽强拼搏的精神，才能完成艰巨的比赛任务。比赛中拳击运动员心理素质水平直接影响技术的发挥、战术的实施及体能的消耗，因此，较强的心理素质对拳击运动员来说是一项重要的竞技能力。拳击运动员的心理素质特征主要体现为坚忍、顽强、果断、自信，同时还要具有沉着冷静处事的能力；气质类型以多血质为主，在比赛中能时刻保持兴奋性，具有良好的神经反应能力；神经活动类型是活泼型。

（五）智能

优秀的拳击运动员必须具有较高的智能水平，善于把智能与其他竞技能力结合起来应用到实战和比赛之中。拳击运动员随着技术、战术和体能水平的提高，在具备强大的心理素质的基础上，通过运用智能掌控对手并赢得比赛。运动员的智能水平是以一般智能为基础，通过运动员在训练中提高观察能力、决策能力等逐渐提高的。

拳击比赛时间短、强度大，比赛场上情况瞬息万变。在复杂的情境下，运动员的观察能力和决策能力成为赢得比赛的前提，比赛开始阶段运动员要迅速对赛场信息进行加工整合，在双方相互试探的过程中迅速找出对手的弱点，并制定针对性的技战术，而且要将这种观察能力和决策能力贯穿全场。这种建立在自身能力基础上的智能水平成为拳击运动员战胜对手的重要能力。

四、拳击比赛的胜负特点

拳击比赛中双方运动员在拳击台上依照规则，用拳头互相击打对手有效区域，以距离、时间差为突破口，以速度为灵魂，以击打到对手有效部位得点，以赢得比赛为目的。胜负不仅取决于运动员的体能、技术、战术、心理等方面的能力，而且还受到运动员平时的训练水平、教练员临场指挥能力和科研人员的科研实施水平的影响，受到包括适应比赛环境、场地、器材、主客场观众和地理时差能力的影响。

拳击比赛共有 12 种获胜方式，其中以得点获胜方式结束比赛的场次占绝大多数。我们从 2008 年北京奥运会拳击比赛获胜方式统计表中可以看出，以得点获胜方式结束比赛的场次占 91.9%（表 1–1）。这充分说明拳击运动已经发展到了较高的水平，运动员在加强进攻的同时加快攻防转换节奏，以速度为灵魂，以击打到对手有效部位得点，这符合拳击运动的发展趋势。

从表 1–1 中我们可以看出，2008 年北京奥运会拳击比赛的全部 272 场比赛中，以得点获胜方式结束比赛的场次占总场次的 91.9%，有 250 场，以击倒获胜方式结束比赛的只有一场比赛，占全部比赛的 0.4%。这些数据反映出通过应用技术得点获胜将是拳击运动未来发展的趋势，也说明了当前高水平拳击比赛中得点获胜是主要的获胜方式。出现这种情况的原因主要有两个，第一是随着拳击运动的不断发展，高水平拳击运动员之间的实力差距逐渐缩小，很难出现击倒的现象；第二是比赛器材不断完善，更加注重对运动员的保护。

表 1－1　2008 年北京奥运会拳击比赛获胜方式统计表

获胜方式	得点 PTS	中止比赛 RSC	受伤 RSCI	头部受伤 RSCH	击倒 KO	其他	合计
场次	250	5	4	5	1	7	272
占比/%	91.9	1.8	1.5	1.8	0.4	2.6	100

综上所述，2008 年北京奥运会拳击比赛中，有 91.9%的场次是以得点获胜方式结束比赛，这说明目前高水平拳击运动员主要通过得点来赢得比赛，得点是比赛的最终目的，这也预示着通过得点取得比赛的胜利将是拳击运动未来发展的趋势。双方运动员相互击打对方得点是拳击比赛的核心特征，也是运动员参加比赛获胜的外在表现。影响得点的关键因素就是运动员出拳的准确性和清晰度。准确性是影响击中有效部位的关键因素，而清晰度是判定出拳有效的关键因素。这两个因素综合起来就是拳击项目的本质，因此运动员出拳击打是否准确、击打是否清晰就是拳击比赛的胜负特点。

第三节　拳击运动的制胜规律

所谓制胜规律，是指在竞赛规则的限定下，人们在竞赛中战胜对手、获得优异成绩所必须遵循的准则。奥运拳击比赛是在拳台有限的空间内进行的技能主导类个人对抗项目，是通过技术打点得分来判定胜负的项目，是以综合技术和全面能力为主的快速力量项目，是运动员快速应变能力的体现，是力量对抗的最高表现，是技术、战术、体能、心理和智能的综合较量，是一项复杂的竞技运动。

拳击比赛中运动员的胜负取决于技术、战术、体能、心理和智能这五个方面，其中技术是突破防守而得分的手段，是阻碍对手取得胜利的关键，是战术运用的基础；战术是正确的制胜对策，并被应用于临场指挥；在身体机能方面要求运动员在短时间内最大限度地发挥体能潜力。现代拳击运动鼓励运动员主动进攻，降低了绝对胜利的比例，重视相持能力（技术与体力），要求运动员重视全面发展和突出绝招，同时还必须具备过硬的心理素质和较高的运动智能。

拳击竞赛规则判定有效拳的标准是：具有得点价值的击打，运动员必须在没有格挡、阻挡或防御的情况下，用任何一只握紧的拳套的拳峰部位，直接击打在对手头部或腰际以上身体部位的正面或侧面。摆拳如按上述要求击中也为得点拳。同时还规定，台下五名裁判员中至少有三名认为击中的部位有效，即得点。通过对判定得点标准的分析我们可知，运动员出拳必须准确击中对手的有效部位，对手没有做出任何防守动作，而且该出拳方式还要同时被至少三名台下的裁判员认可，出拳才能被判定为得点拳。有效击中需要运动员出拳准确，而要得到裁判员认可就需要运动员出拳击打清晰。概括而言，出拳准确、清晰即为有效拳。

拳击运动属于技能主导类格斗对抗性项群，运动员结合不同级别、不同回合，采用单一技术或组合技术清晰准确地击中对手有效部位即可得点。运动员体重控制、裁判员的主观评判也是影响得点的重要因素。列宁曾说过，没有革命的理论便没有革命的行动。因此，遵循制胜规律是竞技体育中优势项目继续保持优势，落后项目尽快实现突破的重要途径，是认识项目特点，指导运动训练的关键环节。规律是指事物发展过程中的木质联系，所谓本质联系，就是事物内在诸多因素的必然性、规律性关系，对事物发展的基本过程和趋势起着决定性的、主要的、规定性的作用。

一、制胜规律的核心内容——制胜因素

拳击运动属于技能主导类格斗对抗性项群，是双方运动员在激烈对抗的过程中，互相击打对方身体有效部位而得点的一项运动。比赛的目的就是制胜，制胜的关键就是要在对抗过程中有效地击中对手得点，而影响得点的要素也就是制胜的因素。

制胜因素是运动员战胜对手的要素，是制胜规律的核心内容。制胜因素不是一个或两个独立的因素，而是一项由多个因素组成的因素群，各因素之间存在着一定的联系，有的相互促进，有的相互矛盾、相互制约。近年来，我国拳击运动决策者深刻地总结了我国开展拳击运动以来成功的经验和失败的教训，深刻认识了拳击运动的特点和规律，对我国拳击运动制胜的规律进行了重新分析，改变了原来“狠、拼、重、快”，以阵地战为主的战略思想，根据我国拳击运动员的特点，并结合对拳击项目特征的认识，把我国拳击运动的制胜因素概括为“快、全、连、变、准”，非常有力地指导和推动了训练工作。

“快”在我国拳击运动中是首要的制胜因素，比如运动员的出拳速度快、反应速度快、反击速度快等；“全”代表运动员要有全面的技术和战术等；“连”是指运动员的连续进攻的能力、连续拼打的能力等；“变”强调的主要是运动员的应变能力，比如针对不同类型对手的应变能力，对场上变化的应变能力等；“准”主要强调运动员出拳击打的准确性，包括单拳和组合拳击打及在移动中的击打。

拳击运动中，运动员制胜的根本是对抗过程中的控制能力，包括整体控制和重点控制，其中整体控制是核心。随着现代科技的飞速发展，人们越来越深刻地认识到，要想取得成功，必须对行为的对象及其变化施以有效的控制，科学家们为此建立了重要的方法论基础，即控制论，并建立了严谨的逻辑思维程序。基于对控制论的认识，我国拳击运动决策者又在原有的五项制胜因素的基础上增加了“控”，确立了我国拳击运动发展的六字方针“快、全、连、变、准、控”。近几年我国拳击项目在世界大赛中所取得的各项突破性成绩，都有力地证明了我国拳击运动决策者对拳击项目制胜规律的认识、对制胜因素的把握及训练思路的转变是正确的、有效的。

制胜因素并不是一成不变的，因此拳击运动决策者要客观地对其加以分析与运用。制胜因素是动态变化的，会随着运动员水平的提高而有所变化和有所侧重。这里最重要的是，如何通过训练手段和方法的创新让运动员充分认识制胜因素的各项指标。比如，运动员如何实现“快”？“快”属于运动员的哪项竞技能力？“快”都包括哪些方面？这还需要拳击运动决策者结合实践经验全面地进行分析研究。对于制胜因素进行分析及训练特征进行研究，可以更好地让教练员和运动员认识拳击项目的本质特征及规律，把握制胜因素的特点，从而在训练方法和手段上进行创新，这对于提高我国拳击运动员的水平，取得更好的成绩具有一定的现实指导意义。

二、制胜因素的内涵

“快、全、连、变、准、控”这六项制胜因素，较完整地概括了拳击运动员竞技能力中体能、技术、战术、心理和智能的内容，每一项因素代表着一项或多项竞技能力。“快”是运动员速度的表现形式，主要表现了体能；“全”是运动员技能的表现形式，主要表现了技术；“连”包含了运动员连续出拳、连续进攻和拼打的能力，主要体现了体能方面的特征；“变”包含多种竞技能力，体现了运动员针对不同类型对手的战术特征、针对场上变化做出反应的心理特征及针对对手不同距离应变的智能特征；“准”是运动员准确击打对手有效部位的能力，体现了技能特征；“控”是运动员对各个制胜因素的把控和对全局的调控，体现了其对拳击运动的掌控能力。运动员对这些制胜因素的掌握体现了其综合竞技能力。

（一）快

古巴是当今世界拳击运动水平较高的国家之一，在世界拳坛占有一定的地位。古巴拳击运动的突出特点就是“快”，主要体现为运动员进攻和防守反击时的出拳速度快及步法移动快，古巴拳击运动员在赛场上“快”的表现明显比其他国家运动员突出。对于拳击运动员来说，比赛时出拳速度快既可以赢得时间来完成复杂的技术动作，又可以在对手露出破绽时有效地进行击打而得点。步法移动快有助于运动员准确把握进攻路线和方向，同时，通过步法的快速移动，运动员还可以时刻控制与对手的距离，掌握比赛的节奏，以便把握合理的进攻机会。

对于我国拳击运动而言，邹市明“海盗式”打法所表现出来的“快速、准确、灵活、多变、多得点、保点能力强”的特征代表了我国拳击运动决策者对此项运动本质认识的提升，也帮助我国拳击运动在近几年的世界大赛中取得了优异的成绩，引起了竞争对手的高度重视。我国拳击运动水平突破的关键在于拳击运动决策者改变了对拳击运动的认识，这种认识的改变也是建立在对拳击运动本质特征认识的基础之上，在训练中改变了以往“狠、拼、重、快”的训练思路，创造出了以“快”为主题，符合我国拳击运动发展方向的训练和比赛模式。拳击比赛的最终目的是得点取胜，而“快”是进攻得点的关键。

快，是拳击运动制胜因素的核心，也是进攻得点的关键。“快”具有“动作迅速；赶紧，从速；将要；接近”等含义，不同的词性表达了不同的意思。“快”是相对于“慢”而言的，没有单纯意义上的快，也没有单纯意义上的慢，两者是相对的。在拳击比赛中“快”主要表现为相对于对手出拳速度较快，步法移动较快等方面。根据拳击运动员的竞技能力特征，“快”的本质就是速度，属于体能中速度素质的范畴。拳击运动员提高速度素质有助于达到“快”的目的，速度素质是“快”的保障，也可以说，“快”是速度素质的表现形式，速度素质是“快”的核心。

（二）全

“全”具有“完全；完备；全面；完整，不缺少”等含义，体现在拳击运动中主要表达了“全面”的含义。拳击运动是以技能为主导的对抗性运动，运动员掌握拳击运动技能是参加比赛的基础，对拳击运动技能全面应用的能力是比赛获胜的关键。“快”是进攻得点的关键，也是技术的载体，运动员能否在“快”的基础上良好地发挥自身技能，还要看是否具备全面的技能，因此“全”对于拳击运动员来说也是一项重要的制胜因素。全，在技术上表现为全面的拳击技术，在体能上表现为全面的专项素质，在战术上表现为全面的战术能力，集中体现了拳击运动员竞技能力中技术、体能和战术三方面的能力。

（三）连

“连”有“连接；相连；连续；联合”的意思。在拳击比赛制胜因素中，“连”表达的是“连接”和“连续”的意思。拳击比赛中双方运动员不能只靠单一的拳法互相攻击来得点获胜。在比赛中运动员使用组合拳占了较大的比重，所以组合拳是主要的得点手段，同时，运动员还必须具备连续进攻的能力，多进攻才能提高得点的概率，才能掌握赛场上的主动权。根据比赛结果的统计数据，拳击运动员在大型比赛中获得最后的胜利需要连续打多场比赛，这对运动员的体能和心理是重大的考验。所以，拳击运动员除了具备组合拳连续转换的能力、连续进攻的能力外，还要具备连续参加多场比赛的能力。

（四）变

“变”具有“更改；变动；变法；变革；改变”等含义，本质上就是指性质状态或情形和以前不同，有所改变。这种改变可以是主动的改变，也可以是被动的改变。在拳击比赛中，运动员通过发挥自己的优势来抑制对手，最终取得胜利的过程，就是运动员自己主动改变了对抗的条件，使自己始终处于优势的过程。对手则是被动地改变了自己的优势。变则通，在双方势均力敌的情况下，谁具有随机应变的能力，及时调整自己的打法，谁就有希望赢得比赛。

前三个制胜因素，可以被看作拳击运动的基础制胜因素，而“变”这个制胜因素可以被看作拳击运动员在掌握基本技能的条件下，对各种技能综合应用的能力。“变”在战术上体现为运动员根据不同类型对手准确应用战术的能力；在技术上体现为运动员根据对手不同打法做出技术应变的能力；在心理上体现为运动员根据场上不同变化及对手情况变化做出心理调整的能力，而心理调整能力决定运动员战术的变化及对赛场情况的应变。

（五）准

“准”具有“标准；决定，准予；准确；批准”等含义。在拳击比赛中“准”代表着准确性，包含运动员击打目标的准确性，也包含运动员对进攻和防守反击时机把握的准确性。在拳击比赛中“准”

是击打得点的前提，只有准确击打到对手的有效部位，出拳才能被判定为有效。“准”作为拳击项目核心的制胜因素之一，体现在竞技能力上，指的是运动员技能水平的高低，具体表现为运动员出拳击打目标的准确性及在移动或不稳定状态下击打的准确性。

（六）控

教练员运用从训练过程中收集的大量信息对训练过程、训练对象及其竞技能力发展等实施不同程度的控制。大量的训练实践表明，这种控制是可行而且必要的。在2006年多哈亚运会上，一些拳击运动员没有很好地控制比赛过程而遗憾地输掉比赛，在总结会上张传良总教练指出运动员对“控”的能力不足，从而引发了拳击教练员对于在拳击项目中如何进行“控”的思考，并在随后的训练和备战过程中针对项目规律、专项训练的方法和手段以及在运动员训练和比赛过程中的“控”进行了更加深入的探讨和研究。

运动员在训练和比赛中始终存在着控制与被控制，整个过程都离不开控制论。教练员通过组织、观察运动员训练，了解他们在训练中存在的问题，找出问题出现的原因，并对训练计划和方案进行调整，然后按照调整后的训练计划和方案去指导训练的过程，就是一个完整的训练控制过程。控制有人工控制和自动控制。人工控制指教练员控制，就是教练员不断调控训练计划实施的过程。自动控制即运动员控制，指运动员在训练中凭借自己的本体感觉或视、听觉器官，感受和了解自己完成动作的情况，并随时调整自己的动作，改变训练方法的调控过程。整个控制过程是一个信息流通的过程，控制是通过信息的传输、转换、加工、处理来实现的，掌握训练信息是实施有效训练控制的必备条件。

教练员要对训练进行有效的控制，就要掌握项目的特点和制胜规律，从而制订科学的训练计划；重视训练信息的收集和运用，通过多种多样的诊断方式，收集大量的训练信息，从中了解运动员竞技能力、训练效果及各方面影响因素的变化，从而做出决策。教练员对训练过程的不同环节发出修正指令，使运动训练过程与运动员现实状态相适应。

教练员还要及时对训练计划进行必要的修订和调整，科学研究的成果和大量运动训练实践都表明，教练员制订再详尽、再严密的训练计划，也难免在具体实施中发生一些局部的甚至全局性的调整。教练员要对训练实施情况进行及时、准确、客观的检查评定，将所获得的信息与预定的训练目标进行对照分析，主动对训练过程做出必要的、适宜的变更，以保证运动员顺利地实现状态的调整，对运动训练过程实施最佳的控制，从而完成预定的目标。

此外，在竞技体育备战团队中，管理干部、科研人员及医务人员都要针对运动员和运动项目进行相应的控制。管理干部需要掌控项目的发展方向；科研人员需要掌控训练强度、训练量的大小，需要掌握运动员的机能状态和竞技水平；医务人员需要对运动员的伤病进行预防和控制。

三、制胜因素的表现形式

制胜因素是运动员战胜对手的要素，是制胜规律的核心内容。每一个制胜因素所涵盖的内容不同，在比赛场上的表现形式也不同。根据制胜因素不同的内涵，每一个制胜因素都有多种表现形式，这些表现形式都是其内涵的具体体现，可以对运动员的比赛和训练进行指导。下文是对拳击比赛的每一个制胜因素表现形式的总结。

（一）快

1. 适应环境快

因为各种拳击比赛的承办单位不同，所以比赛不是每次都固定在一个地方进行。运动员从一个环境到另一个环境需要一定的适应过程，气候、时差、场馆、灯光、生活环境等都需要运动员去适应，适应速度的快慢直接决定了运动员良好竞技状态的获得与否，快速地适应环境变化，可以减少陌生环境带来的各种隐患。

2. 进入状态快

进入状态快是指运动员在比赛中进入竞技状态的速度要快。运动员在比赛中需要尽快找到对手的特点和弱点，发现对手应用技战术的规律，结合自己的特点去抑制对手的发挥，这样就能快速进入自己所习惯的节奏，发挥自己的特长，从而尽快实现得点上的领先并尽快控制赛场上的局面。

3. 进攻节奏快

运动员在比赛中把握了比赛的节奏，就能掌握赛场上的主动权。把握比赛节奏有助于运动员应用其擅长的技战术，有利于自身水平的发挥。一旦比赛进入一方运动员的节奏，那么对方就只能跟着这种节奏比赛。所以，运动员在比赛场上要快速形成自己的进攻节奏，让对手无法适应，这样才能有效地抑制对手发挥。运动员利用步法和出拳的节奏，掌握赛场上的主动权，合理控制与对手的距离就是其掌握进攻节奏的具体体现。

4. 防守反击动作快

防守反击在拳击比赛中是与主动进攻同样重要的得点手段，而且使用频率较高。一名优秀的拳击运动员除了要具有自己的技术风格外，还必须具备全面的进攻和防守反击技术。与主动进攻不同，防守反击有一个防守的过程，是一方运动员针对对手进攻所做出的反击。运动员在防守后的反击速度不够快就可能击打不到对手，所以速度是运动员防守反击有效得点的重要因素。

5. 步法移动快

拳击比赛中双方运动员不是站在原地击打对手，而是通过步法的移动来寻找进攻或防守反击的时机，通过步法移动运动员不仅可以有效进攻得点，而且还可以防守，控制与对手的距离，摆脱对手的进攻。所以，步法移动快在拳击比赛中起着非常重要的作用。运动员步法移动快，就可以实现快速进攻、快速防守，在对手没有任何防备的情况下击打对手，从而提高出拳的有效性。

6. 攻防转换快

拳击运动员在比赛中得点的主要手段包括主动进攻得点和防守反击得点。在双方对抗中运动员需要不断转换得点方式，攻防转换快有助于运动员有效地把握各种得点时机，从而全面掌握赛场上的主动权。

（二）全

1. 全面的拳击技术

拳击运动是以技能为主导的对抗性运动。具备全面的拳击技术是拳击运动员应用各种技术打法的基础和前提，也是拳击运动员提升战术意识的基本条件。拳击比赛中双方运动员的对抗依靠的就是全面的拳击技术，包括运动员的进攻技术（单拳、组合拳、步法）、防守技术（格挡、拍击、闪躲、移动）、反击技术（单拳反击、组合拳反击）及针对远、中、近距离的各种技术打法。

2. 能进攻、能防守

能进攻和能防守也是制胜因素“全”的表现形式，是拳击运动员技能的表现。在出现进攻时机时，运动员要有能力把握住进攻的机会，而且有能力击打得点；在对手进攻时，运动员也要有能力去防守，并且有能力使防守有效。

3. 能拼打、能反击、能摆脱

能拼打、能反击、能摆脱同样体现的是拳击运动员的技术，它体现的是高水平的技能，是运动员在具备全面的拳击技术的基础上结合自己的特点所表现出来的技能。在拳击比赛中运动员会面临不同对手的技术打法，因此必须具备全面地拼打、反击和摆脱的能力。

（三）连

1. 要有连续比赛的能力

在大型拳击比赛中，运动员进入决赛需要打多场比赛，这也决定了拳击比赛具有赛程长、运动员体重控制时间长、决赛阶段比赛紧凑等特点，这些特点决定了拳击运动员必须具备连续长时间保持良好竞技状态、打好比赛的能力。

2. 要有连续进攻和拼打的能力

拳击运动员在落后状态下需要抓住机会进行连续的进攻和有效的拼打，以期扭转局面，所以必须具备连续进攻和拼打的能力。

3. 要有连续反复进攻的能力

在相持过程中，拳击运动员利用反复进攻的方法打破僵局取得领先并控制赛场上的局面，应具备连续反复进攻的能力。

4. 要有组合拳连续转换的能力

在对手技能比较全面的情况下，拳击运动员需要具备组合拳连续转换的能力，以期找到合适的机会来击打得点。

（四）变

1. 根据赛场变化的应变

在拳击比赛中双方运动员比赛的结果是不可预知的，随着攻防节奏的转换及对手打法的改变，比赛场上随时都可能发生各种变化。在面对各种变化时，运动员要沉着冷静，具备快速应变的能力，这种应变包括技术、战术、心理等方面的应变。

2. 根据对手不同打法的应变

运动员在比赛的不同阶段会遇到不同的对手，针对每个对手的特点运动员要具备利用不同打法应变的能力。根据拳击比赛的特点，对手被分为正架、反架、高个子和矮个子四种类型，运动员对于每一种类型的对手都有针对性打法，在遇到不同类型的对手时，运动员只有采取合适的打法才能提高获胜的概率。

3. 根据对手不同距离的应变

拳击比赛中控制与对手的距离是运动员获胜的关键，控制距离有助于运动员掌握赛场上的主动权。根据对手的不同距离合理调整自己的位置，始终把自己置于进攻或防守有利的地位是运动员控制与对手的距离的目的。

4. 根据不同类型对手的应变

双方运动员在实力相当的情况下，比赛的结果往往取决于运动员的应变能力。应变能力决定了运动员在遇到进攻型、拼打型、重拳型、防守反击型和全面型对手时采用战术打法的效果。每一种类型的对手都有自己的特点，而运动员应变的核心就是要避开对手的优势，遏制对手的发挥，结合自身的优势争取获得比赛场上的主动权，这种应变能力是拳击运动员所必须具备的能力。

（五）准

1. 预判准确

运动员在训练和比赛中要善于观察对手的习惯动作，总结规律并利用经验进行相应的预判，包括对手要击打的拳法、移动的方向或采用的防守方法等，这样就能提前阻止或避开对手的进攻并利用对手的漏洞快速进行反击，预判的准确程度决定了进攻或防守反击的效果。

2. 出拳准确

出拳准确是指运动员单拳进攻或防守反击的准确性，是拳击项目的核心之一。裁判员判定出拳得点的条件是出拳清晰、有效，而影响出拳清晰的因素就是出拳的准确性。运动员只有击打目标准确，出拳才能清晰，只有出拳清晰才能得点。

3. 反复进攻拳准确

反复进攻拳准确不仅包含运动员连续进攻拳准确，而且还包含组合拳进攻准确。因此运动员不仅要具备单拳进攻准确的能力，而且还要具备反复进攻准确的能力，这需要良好的技能和体能作为支撑。

4. 在移动或不稳定状态下击打准确

我国拳击运动员取胜的关键是快，这要求运动员在任何条件下进攻都要快。只要出现进攻的时机，不论是在稳定状态下还是在移动或不稳定状态下运动员都要把握进攻的机会，即运动员需要具备在任何状态下都能击打准确的能力。邹市明近年来在比赛中就是突出了快的制胜因素，在快的基础上具备了全面的技能，尤为突出的是他具备在任何状态下都能进攻的能力。国家拳击队总教练张传良在训练中一直强调运动员出拳的可持续发展，训练运动员在任何状态下都能出拳，而且还能连续出拳，除非自己不想进攻了。运动员在各种状态下都能出拳是基础，提高在各种状态下出拳的准确性才是得点的关键。

（六）控

运动员和教练员需要在全面理解并掌握拳击项目规律的基础上把握六字方针，做到活学活用；运动员要根据自己的特点有针对性地运用技战术，并形成自己的技战术风格；教练员要结合不同阶段的需要，不断提高运动员的各方面能力。以上内容的核心在“控”

字上。在训练实践中，运动员和教练员要有正确的想法，没有正确的想法与精益求精的态度完不成训练任务；只考虑训练过程的细节，而不考虑整体的方向同样完不成训练任务。这些都需要各方相关人员包括运动员、教练员、医务人员、科研人员及领导层等对各个过程和细节进行合理的把控，使其始终在可控的情况下发展。

“控”是一项系统的工程，需要各方相关人员的支持，以把控制各个细节。各方相关人员对各自负责的部分进行把控，最终形成系统的合理控制，使各项工作顺利进行，并最终取得比赛胜利。运动员在比赛中需要对距离、时间差、技术、战术、体能、心理等因素进行把控；教练员对训练量、训练强度、间歇时间、比赛中的指挥等方面进行把控；医务人员需要对运动员的疾病及疾病预防进行控制；科研人员需要对运动员的训练和竞技状态进行科学监控；领导层需要对拳击运动的发展进行把握和宏观调控。

第四节　中国拳击运动的制胜规律

一、中国拳击运动的训练指导思想

中国的拳击运动员通过参加奥运会、世锦赛和亚运会等大型的比赛，在取得了一定成绩的同时也发现了问题和不足，这促使拳击运动决策者不断地加深对拳击项目的认识和理解，使得我国拳击项目的整体实力有了一定程度的提高，培养出了一些重点运动员，同时使教练员对重点运动员的个性化训练、科学训练和保障也有了更深刻的认识。

这些都得益于拳击运动决策者能够勤于思考、勇于创新，并能够及时进行总结探讨，不断加深对拳击项目的认识，从而使得训练的目标更加清晰，计划更加完备，训练的方法和手段更加专项化，更加能够适应比赛的需要。经过这样的训练，运动员的整体水平提高了，他们对于训练也就变得更加积极主动了。

通过多年的实践，我国拳击运动决策者总结了成功的经验和失败的教训，对我国拳击项目的特点及规律进行了重新梳理。中国拳击协会前主席张传良高度概括了我国拳击项目的制胜因素，确立了我国拳击运动的训练指导思想。

（一）以技战术为生命

技战术是拳击运动的生命。因此，教练员在训练中要着重提高运动员的全面技术。没有技术，再大的运动量、再好的体能和心态都是无用的。没有技术，就谈不上战术的运用，而合理的战术运用有助于运动员掌握比赛的主动权。

（二）以速度为灵魂

速度是我国拳击运动的灵魂。我国的拳击运动员只有在“快”字上下功夫，才能与世界拳击运动强国的对手抗衡，才能取得比赛的胜利。不过，如果运动员不能很好地把握节奏，盲目地快则变成乱，乱不如把节奏控制好。除此之外，运动员的时机把握能力也要强。

（三）以距离、时间差为突破口

谁在赛场上距离控制得好，谁就能掌握赛场上的主动权。同时，时间差把握得好有助于改变打法规律。运动员利用时间差可以改变不同打法的节奏，慢可以打快、轻可以打重、短可以打长、矮可以打高。

（四）以心理、意志品质为保障

心理和意志品质是拳击运动员完成比赛的保障。运动员的心态可以决定训练和比赛的质量，意志品质好的运动员能打硬仗。而心态较差的运动员不能在比赛中很好地发挥自身的技战术水平，所以也很难出色地完成比赛。

（五）以体能为载体

体能训练是技术训练和一般身体训练的载体，是专项训练和比赛的基础，因此拳击运动员的体能训练应紧紧围绕比赛场上的需要来进行。

（六）以控制来把握

拳击运动员应根据不同类型对手的打法及场上的变化对比赛进行把控。正常参与训练的运动员在比赛中能发挥 70%的能力水平，就是一名不错的运动员。如果一名运动员能抑制对手，只让对手发挥 30%的能力水平，他就是一名成熟的运动员。因此，运动员学会如何控制对手也是非常重要的。

（七）以创新求发展

中国拳击运动要走向世界必须走自己的创新之路，要有自己独特的风格，这样才能与世界拳击运动强国抗衡。

（八）以赢得比赛为目的

赢得比赛是所有运动员参与训练的最高目标，所以教练员在训练计划的制订及训练手段和方法的选择上必须始终围绕赢得比赛这一目的。一个较好的方法是在训练中突出比赛，以赛带练。

二、中国拳击运动的科学训练思路

以往运动员比赛输了，教练员在总结时经常把失败的原因归结为运动员体能不好、力量不够、心理不够成熟等，然后在随后的训练中着重解决这些问题。对手比我们的运动员力量大，就加强力量训练，对手比我们的运动员进攻好就加强防守训练，运动员攻击能力弱就让其苦练进攻，很多训练计划都是针对战胜过我们的运动员的对手制订的。这种做法使得运动员的训练实际上是相对盲目的。运动员自身的技术不全面、实力不够强，导致其即使在某些方面有所提高但仍然赢不了比赛。这就说明教练员需要认真思考拳击项目的规律和特点，从根本上找到需要提高的方面，并思考哪些方面可以在短时间内解决，哪些方面需要长期不懈地努力，哪些方面是不可控制的。因此，运动员在训练中还是应该根据自己的情况，抓住自己的主要问题系统地进行解决。

一些高水平运动员，如邹市明和张小平，经过这几年的训练和比赛已经逐渐成熟起来，在技术、体能等方面具备了相当的实力，已经成为国外拳击对手研究的对象。高水平运动员对于其在比赛中暴露出来的问题更要尽快地进行解决，进行个性化训练，扬长补短。当然这并不是说他们不去研究和分析对手，而是应该通过比赛更细致地分析和研究对手，这样才能做出更有针对性的战术安排。

（一）适应是前提，质量是核心

1. 量化训练强度，全面科学适应

教练员了解比赛中运动员真实的负荷强度才能有目的地实施适应性训练。比赛强度受运动员的技战术水平、专项能力及对手水平等众多因素的影响，运动员只有了解比赛强度的水平并在训练过程中使运动负荷达到或超过比赛的要求，才能在激烈的比赛中赢得主动权。教练员对于训练内容的安排应该全方位结合实战，根据拳击项目的制胜因素，从技术、战术、体能、心理和智能等方面适应实战的需要来制订并实施训练计划。

在技术训练方面，运动员的技术训练应该是在高对抗条件下完成的接近规范、合理的技术动作和组合套路。教练员在制订训练计划时，应增加实战的比例，重视条件实战的运用，切实提高运动员的对抗能力；在战术训练方面，重视分段战术演练和模拟战术演练，培养运动员在不同情况中的战术素养；在体能训练方面，训练负荷整体上要达到最大强度比赛的负荷，训练内容的安排要符合拳击比赛的要求，重视强度的积累，强调间歇的合理性，重视提高专项能力的训练，重视小肌群训练和灵敏训练；训练中还应增加对运动员心理和智能训练的比例。

在拳击实战和比赛中，教练员应动态监测运动员在 3 个回合比赛过程中的心率及赛后即刻的状态，并对其进行一个整体描述，以此来了解运动员在比赛过程中所承受的负荷强度，从运动员每个回合中的最高心率、回合间的最低心率及赛后 1 分钟的恢复情况了解运动员的状态。此外教练员还要结合运动员赛后 3 分钟的血乳酸浓度来判断比赛中运动员的能量代谢情况，根据运动员面对不同对手时的状态总结其代谢特点。这项工作还可以用作教学实战中运动员完成情况的评价。教学实战中，教练员可以监测运动员比赛后的血乳酸浓度，以此作为评价实战效果的一个很重要的指标。

教练员了解了比赛和实战的负荷强度特点，在实施训练时无论是技术训练的强度还是专项体能训练的强度就都有了参照和评价标准，无论是大强度训练的负荷还是运动员恢复的水平及速度都有章可循。这样大大提高了训练效果，同时也可以根据这些数据对运动员进行评价，避免了经验主义和盲目性。

一些监测数据表明，小级别运动员和大级别运动员在大型比赛和教学实战中的表现截然相反。在大型比赛中小级别运动员的血乳酸浓度和心率低于在教学实战中的血乳酸浓度和心率，运动员可以比较轻松地完成比赛，而大级别运动员在比赛中的血乳酸浓度和心率明显高于在教学实战中的血乳酸浓度和心率，这说明在平时的教学实战中他们没有竭尽全力地去完成任务，因此才在真正的比赛中出现体力透支的现象。这就提示教练员和运动员还需要继续提高训练质量。

相关人员针对拳击实战的强度，对国家拳击集训队的运动员进行了系统的跟踪和分析，运动员各回合的心率变化情况见表 1–2。

表 1–2 拳击运动员在实战中各回合的心率变化情况（$\bar{x}\pm s$）

	回合中最高心率/（次/分）	回合间最低心率/（次/分）
第 1 回合	182.7±9.1	160.3±8.9
第 2 回合	187.9±8.1	174.5±10.1
第 3 回合	194.4±14.3	178.1±13.7

拳击比赛过程中运动员各个回合的最高心率是逐渐增加的，而且回合间经过 1 分钟休息以后的最低心率也是逐渐增加的，这可以证明每个回合的强度逐渐增加，运动员每个回合的心率变化趋势基本上相同，运动员要在这种逐渐增加的强度下完成每个回合的对抗。

此外，运动员赛后安静休息 3 分钟后血乳酸浓度平均值为（12.9±3.3）毫摩尔/升，血乳酸浓度也证明了拳击比赛需要运动员具有很强的无氧代谢能力，因此运动员需要具有很好的专项耐力素质来完成整个比赛。

2. 调整训练手段，提高训练效果

（1）递增负荷训练

教练员在实施训练时应根据拳击比赛的体能需求特点，有针对性地安排一些递增负荷训练，负荷强度应超过比赛强度。例如，国家拳击队的专项训练手段除了实战以外还包括沙袋、手靶及步法的训练（表 1–3）。

表 1–3　沙袋、手靶、步法等常用训练手段介绍

项目	训练方法	项目	训练方法	项目	训练方法
沙袋训练	1 分钟前后左右不停移动，直拳击打沙袋	手靶训练	15 分钟技术手靶，15 分钟进攻手靶，30 秒移动快速反击	步法训练	12 分钟自由跳绳，一次 800 次双摇跳绳，组合步法练习，3 分钟 3 组步法移动
	30 秒左右快速移动击打沙袋，5 秒快速组合击打沙袋		3 分钟 3 组和 2 分钟 8 组的强度，1 分钟手靶结合胸靶，15 秒速度组合手靶		
	15 分钟重击		15 秒 3～5 个动作的速度手靶		

教练员应结合以上训练手段，有目的地监控这些训练手段的负荷强度，以此来评价训练手段和训练效果。

（2）强度手靶训练

这一训练手段对于提高拳击运动员的专项耐力有很好的训练效果，同时也能很好地锻炼运动员的心肺功能。运动员的心率测试结果表明，这项训练的强度明显高于实战强度。但由于其容易破坏动力定型而且运动员脚下移动较少，这个训练手段不宜经常采用。国家拳击队运动员进行强度手靶训练时的心率情况见表 1–4。

表 1–4　国家拳击队运动员进行强度手靶训练时的心率情况统计（次/分）

心率	第 1 回合	第 2 回合	第 3 回合	训练后 1 分钟
平均值	194.6	197.1	200.6	137.1
标准差	12.4	8.8	7.6	14.5

（3）距离递减、强度递增跑训练

800—600—500—400—300—200—100 米距离递减、强度递增跑这一训练手段的时间结构类似于实战，强度高于实战，是一项很

好的提高拳击运动员无氧耐乳酸能力的训练手段。运动员 400 米跑后即刻血乳酸浓度和 100 米跑后即刻血乳酸浓度均超过 16 毫摩尔/升。国家拳击队运动员距离递减、强度递增跑训练的心率情况见表 1–5。

表 1–5 国家拳击队运动员距离递减、强度递增跑训练的心率情况统计/（次/分）

	800米	间歇	600米	间歇	500米	间歇	400米	间歇	300米	200米	100米
平均值	190.5	125.6	193.7	123.4	197.1	126.9	198.0	114.9	196.3	177.9	171.0
标准差	15.2	9.3	12.3	7.7	9.7	8.4	4.7	14.0	5.0	12.0	10.7

（4）素质循环训练

素质循环训练的训练内容包括仰卧起坐、立卧撑、背肌训练、移动摸地、空击、纵跳（各 20 秒），是锻炼运动员快速能力的一种手段，同时也可以锻炼运动员的无氧耐力。但目前很多运动员不能完全按照要求和标准完成，所以训练效果差异很大，在此以邹市明在完成这项训练过程中的次数为示例（表 1–6）。

表 1–6 邹市明完成素质循环训练情况统计/次

组次	仰卧起坐	立卧撑	背肌训练	移动摸地	空击	纵跳
第 1 组	35	18	40	28	—	28
第 2 组	36	17	35	27	—	28
第 3 组	34	15	42	27	—	26

注：其中空击因出拳速度较快，较难计数，故没有统计。

素质循环训练结束后 3 分钟邹市明的血乳酸浓度为 17.1 毫摩

尔/升，而大多数其他运动员完成的数量更少、质量更低。

旨在保证运动员身体机能状态，保证训练正常进行的运动员不同阶段机能检测的内容涉及以下方面：①氧转运能力及贫血指标红细胞计数和血红蛋白的测定；②肌肉负荷及组织损伤指标肌酸激酶的测定；③物质能量代谢系统指标血尿素氮的测定；④内分泌指标血清睾酮和皮质醇的测定。此外，结合拳击项目有些级别运动员需要减控体重的情况，可以定期监测运动员的身体成分及体液，以便了解每一个减控体重运动员的身体成分及体液变化情况，为其合理地减控体重提供依据。

系统监测有助于有效掌握重点运动员在不同训练阶段身体的机能水平和基本变化规律，为以后训练效果的评价提供对照，为训练手段、训练模式的改革和创新提供参考，同时也为运动员个性化训练提供依据。

监测的最终目的是让运动员在良好的状态下进行更有效的训练，所以教练员对监测结果进行具体分析后应对有关方面进行相应调整，包括训练内容的调整、相应恢复手段的调整和必要营养品补充的调整，以避免运动疲劳的产生，使运动员保持良好的运动状态。

根据邹市明身体机能测试结果，他的血红蛋白和血清睾酮浓度都在中等偏下的水平，但是通过训练调控和医务监督，这两项指标基本上都维持在这一水平，这从另一个角度证明了全面技术、合理战术可以弥补其在体能上与对手的差距。

3. 重视科研，保证训练质量

第一，技术训练要突出求质保量，在技术训练中进行摄像跟踪并做出强度负荷要求，比如手靶、沙袋训练对运动员的要求是打上、打准，还要通过监测心率控制强度。

第二，体能训练要适应比赛的需要，在体能训练中对运动员进行心率和血乳酸浓度等指标的监测，从实战出发量化训练效果。

第三，身体素质训练在手段上要结合专项特点，在强度上要适应比赛特点，在训练中要量化完成次数和强度，如在素质循环训练、800 次双摇跳绳训练中，要求量化次数，规定完成时间，同时监测心率和血乳酸浓度。

第四，定期进行生理生化检测，判断训练负荷对运动员的刺激程度和运动员恢复情况。

以邹市明在 2007 年的冬训为例，在组织形式上，强调突出重点运动员的训练形式，反架运动员王晓康、正架运动员党勇作为陪练，紧紧围绕邹市明的风格特点和能力制订训练计划。在时间安排方面，每周的训练总时间不超过 14 个小时，训练时更注重训练强度安排的科学合理性，目的是提高训练质量，保证训练强度，注重训练后的恢复效果。训练课上更注重训练细节，强调动作到位、完成强度的质量，尽量量化训练效果。技术上强调动作规范到位，注重技术在实战中的应用。身体素质训练强调专项基础能力的作用，折返跑的目的性更加明确，不稳定状态下的力量训练比例逐步增加。在分析技术环节方面，寻求新的分析模式，以慢动作的形式回放重点动作、环节录像，为研究重点对手的技术打法提供视频依据，为下一步利用软件细化技术动作分析做好准备。

4. 遵从科学的“六从六练”训练原则

在评价拳击运动员训练情况时，必须认真思考“苦”与“好”，“好”与“对”的问题，也就是说在训练中练得苦不如练得好，练得好不如练得对。运动员在训练过程中练得很苦，也练得很好，但是练得不对，这样的训练就是无效的训练，有些甚至是破坏性的训练。在大运动量训练模式下，很多运动员练得很苦，但很多无效的训练造成他们很难取得好成绩，或因伤病不得不过早地离开了自己喜爱的拳击项目。

对于拳击项目而言，大运动量低负荷的训练不利于运动员专项水平的提高，教练员及运动员在训练中应该根据拳击项目特点科学地看待“三从一大”的训练原则。因此，张传良提出了适合中国拳击运动的科学的“六从六练”训练原则：

从严从难从专项能力出发高强度的训练；

从严从难从技术出发高质量的训练；

从严从难从战术出发高智商的训练；

从严从难从个性出发不同手段的训练；

从严从难从对手出发全面技术的训练；

从严从难从创新出发超常思维的训练。

（二）科学制订程序化参赛方案

科学制订程序化参赛方案、按部就班参赛是打好比赛的必要前提。拳击比赛具有以下特点：赛程长，具体比赛时间取决于抽签结果；运动员体重控制时间长，进入决赛阶段的运动员要经历 13～16 的比赛周期，而且后期比赛安排更紧密，因此对运动员的技能和心理素质要求更高。教练员既要指挥比赛又要组织训练，还要合理安排人手。因此虽然拳击比赛是个人对抗项目，但教练员和运动员只有将整个比赛过程程序化，才能更好地完成参赛任务。

国家拳击队从 2006 年多哈亚运会开始详尽制订程序化参赛方案，并将其作为 2008 年北京奥运会前最后一次大型赛事的预演，根据拳击项目的特点进行了程序化组织，收到了很好的效果，也积累了宝贵的经验。国家拳击队程序化参赛方案见表 3－7、表 3－8、表 3－9（以邹市明为例）。

运动员程序化参赛的基本过程是抵达参赛地之后、抽签之前全队进行适应性训练，主要目的是调整状态，包括调整时差和身体状态等，为抽签后的比赛做准备。这个阶段由于时差、环境变化及大赛氛围，运动员容易过早兴奋，因此必须在控制好体重迎接医学检查的基础上保证足够的休息和必要的营养。

拳击运动员基本上在开赛的第一天都会接受资格审查、医学检查和称重。组委会在确定了参赛运动员后组织抽签，并根据抽签结果确定第一轮比赛的具体时间。在抽签结束后全队应立刻全面进入备战状态。首先教练组召开形势分析会，就抽签之后的形势及下一阶段的具体分工进行讨论；之后召开全队的动员会，会上领队明确提出全力以赴、打出风格、打出水平的要求，教练员就抽签结果进行具体分析和任务布置，运动员也获知了具体比赛时间和具体的对手。此后教练员还要在医学检查、称重、指导比赛、带队训练及收集、分析对手资料等诸多工作的基础上，充分进行任务布置和分工。运动员也开始自觉地调整体重控制计划、观看对手录像和帮助队友训练。

在技战术准备方面，针对运动员的每一场比赛，教练组采用集体分析、赛前单独辅导的针对性备战方案，群策群力，助力运动员打好每一场比赛。身材相似、打法相似的队友，都主动进行陪练，体现了个人项目上的集体主义精神。赛场上，没有比赛的运动员主动为参赛选手服务，比赛中大家聚在一起呐喊助威，充分显示国家拳击队的凝聚力。

在营养保障方面，教练组结合拳击比赛的特点，在 1/4 决赛之前采用全队统一管理的办法。资格赛和初赛之后，为了更好地为运动员提供个性化营养保障，教练组开始根据比赛时间采用单独补充、逐个督促的办法，很好地保障了运动员的营养需求，对促进运动后恢复、保障饮食控制下的营养补充等起到了一定的作用。

拳击比赛的赛程较长，如何能够让运动员在漫长的赛程中愉快地度过每一天，让有比赛的运动员在保证训练、休息的前提下缓解压力，让已结束比赛的运动员充分调整状态？教练组提前准备好娱乐放松方案，并鼓励大家去健身房做一些有意义的活动，可以起到很好的效果。比赛过程中运动员应该严防出现严重的伤病。赛前和赛中教练员应反复强调有关兴奋剂的防范措施，以充分引起运动员的重视。

赛后总结同样非常关键，运动员、教练员和其他工作人员在每次比赛后都应进行认真细致的总结，并组织大家进行研讨和分析。

（三）创新科学训练实践

在我国恢复拳击运动之初，拳击运动员训练得非常顽强刻苦，但仍避免不了场上失败的局面。造成这种局面的原因就是我国拳击运动决策者对拳击项目的特征及规律认识不够深刻，实施训练的方法和方向不对，虽然在比赛时也采取过行之有效的方法，但一段时间后方法就“失灵”了，没有起到持续的优势作用。近年来我国拳击运动决策者通过对失败进行总结和思考，找到了适合我国拳击运动发展的训练思路和方法，并且取得了良好的效果。这就是对拳击运动本质规律认识不断提升，在不断总结经验的基础上，创新训练手段，转变训练观念，持续对拳击运动制胜规律进行深入研究，并掌握其发展趋势，为进一步提高我国拳击运动水平做好保障。

1. 对创新的认识

创新的意思是更新、制造新的东西或改变。创新活动通过三种形式表现出来：第一，原来没有的，有人研究并提出了自己的看法，或创造出来了。这类创新属于开创性、奠基性的工作。第二，前人虽研究过、开发过，但未成功或是出错了。有人通过研究发现并纠正了前人的错误，成功了。第三，前人研究过、开发过，也是正确的、成功的。有人在此基础上通过进一步的研究，又增添了自己独到的东西，或是深化了前人的认识，或是进一步改进、完善了前人开发出来的东西。

拳击运动员的训练同样需要创新，只有创新才能形成特点，才能有所提高。对拳击运动相关人员的调查发现，目前影响我国拳击运动员的训练创新的主要因素有以下几个方面。

第一，教练员在创新体系中的主体作用尚未完全发挥，他们观念陈旧、知识存量不足，这制约了训练的创新。教练员重技术、轻认识的观念限制了其创新主体作用的发挥。

教练员对训练、比赛经验进行的总结大多停留在表面上、形式上，很少涉及对成功或失利的本质的剖析，这导致训练经验难以复制、转化或推广。教练员对教练员之间沟通的重要性认识不足，信息反馈渠道单一，不能共享他人的研究成果，这造成低水平重复研究过多，占用了相当的资金和人力，制约了创新。同时，运动员之间缺乏合作也是影响创新的因素。

第二，体制、管理、组织在运动训练创新中的作用还有待加强，其中包括相应的运动训练技术信息转化机制的作用，系统的教练员培训体系的作用。

第三，技术创新各环节之间的连接不够紧密。技术创新的基本模式是技术引进—消化吸收—自主创新。其中，自主创新是技术创新的高级环节，也是技术创新链条的终端环节。总的看来，运动训练技术创新过程中存在的主要问题是对引进技术的消化吸收不够。

2. 根据项目的不同发展水平选择相应的创新路径

（1）优势项目创新路径

优势项目以构建有利于激励自主创新的组织结构，加强自主创新为主。优势项目已经具备先进的技术知识，但这在客观上也导致自主创新空间缩小，自主创新的外部压力减小、内部需求降低。因此，我国拳击运动决策者对于优势项目的创新，需要注重以下几方面的问题。

第一，加强教练员后备队伍的培养，使教练员理论水平得到提高、知识存量得到增加。教练员是项目保持优势的关键，而影响教练员创新能力的核心因素包括理论水平和知识存量。目前，我国一些优秀运动员退役后没有经过专门的理论培训就直接担任教练工作，这体现了以经验训练为主，也是难以创新的重要原因。因此，应当加大教练员培训力度，使其保持知识激活状态并持续创新。

第二，加强对项目规则变化的研究。北京奥运周期一个鲜明特征就是出于金牌分布和吸引观众等需求，修订比赛规则的运动项目较多。这无疑会对我国优势项目产生较大冲击。因此，要继续保持项目优势，就必须加强对项目规则变化的研究，提前应变，尽早适应，在保持优势的基础上，自主创新，寻找新的突破口。

第三，密切关注具有一定竞争力的其他国家的运动技术发展动向，加强主要竞争对手信息的收集工作。在一些优势项目上，在重大比赛前出于对竞技信息的保密而疏于交流，忽视了对主要竞争对手信息的收集，导致在比赛中猝不及防、失去优势的现象值得重视。

（2）潜优势项目创新路径

对于潜优势项目，以引进训练创新主体、变革教练组知识结构为主要创新路径。潜优势项目具备较强的竞技实力，这些项目的运动员具有冲击奖牌的希望，创新的外部动力和内部需求普遍很高，但要实现短期内赶超，还应当加强针对性研究。在训练中针对性地引进外籍教练员，加强技术细节研究。根据我国运动队（员）的竞技能力特点和参赛目标，针对性地选择外籍教练员，同时项目技术专家组对引进技术进行剖析，深入分析引进技术的每一个细节，实现引进技术的“本土化”。此外还要加强对国内教练员的培训，充分激活其自身积累的知识，为转化引进技术做铺垫，促进自主创新。

（3）落后项目创新路径

对于落后项目，以引进先进技术和研究项目规律为主要创新路径。导致某一运动项目落后或停滞不前的关键因素是对训练规律和项目制胜规律认识不清。因此，对于落后项目更应当加强研究，寻找创新路径；与科研院校积极合作，加强对项目的训练规律和制胜规律的研究，以认识项目的本质特征。同时，加强不同项群运动员和教练员之间的信息交流，以转变训练观念。

3. 拳击项目创新路径

结合我国拳击运动近年来取得的成绩，我们可以看出我国拳击运动必须走符合我国拳击运动特点的创新之路，才能延续成功。我国小级别拳击运动员取得的成功，使我们找到拳击运动创新的突破口，那就是发挥我国运动员的体能特点，从快、灵和变上下功夫，发挥智能优势，扬长避短，开拓创新。运动员要想赢得比赛，首先应想到的是如何克敌制胜，而不是去适应国外强手的打法。要让国外强手感到中国选手不好对付，不适应中国式的打法。这就需要教练员在今后的训练中去逐步进行创新。因此教练员必须在牢牢掌握拳击运动员五大竞技能力——技术、战术、体能、心理和智能的基础上抓好训练，创造出具有中国特色的“全面+特长”的打法。我国拳击运动决策者要想提高我国拳击运动的整体水平，创造出真正属于我们的运动员的打法，必须有正确的训练思路，而正确的训练思路是运动员获取金牌的重要保障。

教练员在训练中要狠抓运动员的基本功，在传统的直拳、勾拳和摆拳的基础上，丰富基本拳法、组合拳技术、步法，加强运动员格挡和闪躲的能力，创造出适合我国拳击运动员特点的打法。邹市明的成功在于很强的专项能力保障下的全面技术加特长，所以技术是我国拳击运动员与国外拳击运动员对抗并赢得比赛的基础。

目前拳击运动员的专项训练通常是通过沙袋、手靶、步法、跑步等训练手段来完成的，而且训练要紧紧围绕着拳击比赛的负荷进行。运动员在训练中必须将大量的时间用于专项能力和技战术训练上，一般身体素质训练和大力量训练的比例应相对降低。在整个训练过程中教练员应对技术训练课和比赛进行录像，以便反复观看；从运动员反馈的信息中找出问题，不断改进和提高，以做到精益求精。例如，教练员在传统技术训练中加入了连续和反复移动训练，加强了我国运动员的协调能力，提高了运动员的技能水平。

除强调专项训练外，还要强调战术训练。教练员只有通过对运动员战术意识的培养和训练，提高运动员对战术的认识，运动员才能在场上很快地理解教练员的指挥意图并尽快贯彻实施。尤其是对于大型比赛，教练员要有针对性训练，运动员要有充分、细致的准备，丝毫的差错都可能导致比赛全盘失败。目前的战术训练手段包括分段训练和模拟对手、模拟情境训练，提高了运动员的战术素养，同时大大提高了运动员的比赛能力。

科研在专项技术和体能训练中起到一定的监控和评价作用。科研保障人员针对专项体能训练的手段进行监测，根据训练的目的和强度特点及运动员心率、血乳酸浓度及血清肌酸激酶浓度的变化，结合比赛和实战的特点对训练和比赛进行评估。根据评价，目前常用的手靶、素质循环、实心球练习及强度跑等手段都对运动员产生有效的刺激，大大提高了运动员的各种专项能力。此外，比赛、实战和训练录像也起到了很大的作用。目前重点运动员人手一个移动硬盘，养成了随时收集自己比赛和训练的录像，并反复观看的好习惯，这对其技术和战术的提高有很大的帮助。

4. 制胜规律和慢进则退规律

大量事实证明，竞技体育具有极其鲜明的个性特征，对手之间相互竞争，慢进则退。具体可以理解为只取得进步不行，必须比别人进步得快，否则就是退步，此外，拳击项目还具有其特殊性，即比赛中的得点取决于裁判员的主观评判。由此产生了两个问题：一是如何确保取胜；二是怎样才能比别人进步快，可以说这也是竞技体育永恒的两大课题。

（1）关于制胜规律

制胜规律就是确保运动员夺取金牌的法则，如竞技实力（包括应变能力）、国际关系能力（包括对国际组织的影响力）等。

竞技实力的实质是综合实力，体现在运动员身上主要指技术、特长、心理、作风、体能五个方面。纵观各运动项目的世界冠军，他们在这五方面都非常突出。因此，我国拳击项目冠军模型被设计为技术全面、特长突出、心理素质过硬、作风顽强、体能出众。与此同时，应变能力（包括教练员的应变能力和运动员的应变能力）是在国际大赛中战胜对手不可或缺的因素。

国际关系能力至少有三层含义，一是交友能力，如朋友的数量和交友的质量；二是有更多的人进入国际组织，占据重要位置，如进入裁判委员会等；三是获取最重要、最先进的技术信息与人际关系信息等的能力。

（2）关于慢进则退规律

其重要因素较多，主要包括教练员综合素质和专项能力、对拳击比赛制胜因素的认识水平；落实及创新“三从一大”科学训练原则的能力；团队竞争力等。

制胜因素是慢进则退规律的重要内容，在训练中起导向作用。教练员和运动员对其的认知程度关系到拳击项目的提高程度。教练员和运动员准确地认识和把握制胜因素，首先必须清楚地了解拳击项目的特点。比如，运动员获得拳击比赛冠军必须过五关斩六将，并非一锤定音；拳击项目的运动员容易挨重拳并因此受伤，这将会削弱运动员的战斗能力或使运动员完全丧失比赛能力；拳击比赛中，得点多者取胜，而是否得点则取决于裁判员的主观评判，这也是造成水平很高的运动员可能拿不到金牌的主要原因之一。

第五节　国家拳击队奥运备战的思路与方法

一、整体规划和系统训练

（一）整体规划、以点带面

国家拳击队在 2008 年北京奥运会上的金牌突破是在整体规划、以点带面的思路下实现的。邹市明作为国家拳击队的杰出代表，从 2003 年获得泰国曼谷世锦赛银牌开始，不断努力进取，不断完善自我，为中国拳击运动实现了一次又一次的历史突破。国家拳击队必须利用北京奥运会这一宝贵机会雕琢比较有潜质的运动员来冲击奥运会金牌。对于北京奥运会上取得金牌突破的规划，国家拳击队通过认真思考，在整体规划下以点带面提高中国拳击运动的整体水平，最终实现了奥运冲金梦想。

1. 重点运动员有实力、有进步、有使命

在重点运动员中，邹市明在 2004 年雅典奥运会上，由于比赛经验缺乏和对大赛的控制能力不足，最终获得第三名，回国之后他进行了一系列扬长补短的训练，并于2005年取得了中国拳击运动的第一个世界锦标赛冠军，完成了北京奥运三步走的第一步，证明了他具有问鼎世界冠军的实力。同年，他在世界大学生拳击锦标赛中又获得金牌，这些比赛丰富了他的比赛经验。在随后的一年中经过欧洲拉练和古巴的赛练结合，他进一步提高了竞技能力，并在2006年多哈亚运会上又成功夺冠，完成了北京奥运三步走的第二步。多哈亚运会之后他有目的地参加了一些国际邀请赛来检验训练效果，并了解国际动态。他在三个月的时间里共参加了16场国际比赛，获得了3个冠军。通过比赛结果我们可以看出，无论是在48公斤级比赛还是在51公斤级比赛中，无论是对战欧洲高水平运动员还是对战亚洲较强的小级别运动员，邹市明的技术都强于对手，而且具备了在正常条件下战胜他们的实力，树立了他在本级别的地位。与2004年雅典奥运会相比，他的技战术水平有了一定程度的提高。在2007年芝加哥世锦赛上他成功卫冕，完成了北京奥运三步走的第三步。除了邹市明，我国拳击界同时也出现了哈纳提、胡青、张小平、张志磊等一批有潜力的运动员，他们在各方面正在迅速取得进步，有能力也有实力去和国外实力较强的拳击运动员抗衡。

2. 国家拳击队有信心、有准备、有条件

国家拳击队在2004年雅典奥运会上冲击奖牌成功了，在2005年四川绵阳世锦赛上冲击金牌也成功了，在2007年芝加哥世锦赛上又成功卫冕了，国家拳击队做好了充分的准备在2008年奥运会拳击比赛中取得历史性突破。

国家拳击队已经经历了20多年的风雨历程，尤其是近些年来通过参加一些比赛，积累了宝贵的经验，学会了如何进行管理、如何科学地安排训练、如何保障恢复，也学会了如何应对比赛，所以国家拳击队已经具备了夺取奥运会金牌的实力。

2008年北京奥运会是千载难逢的机会，充分利用好主场的有利因素，利用好主场观众和后勤保障等有利条件，就有助于比赛获胜。最终国家拳击队在2008年北京奥运会上，取得了巨大的成功，共获得2金1银1铜，创造了历史最好成绩。然而，国家拳击队实现奥运会金牌突破并非偶然。北京奥运备战周期之初，相关领导就根据实际情况对奥运备战进行了整体规划，制定了北京奥运实现金牌突破的三步走战略，即在2005年四川绵阳世锦赛、2006年多哈亚运会及2007年芝加哥世锦赛上不断检验训练成果，以点带面地提高中国拳击运动的水平和成绩，最终实现了2008年北京奥运会金牌的突破，并实施了基于创新理念的系统训练，这些有力的保障措施帮助国家拳击队完善了备战规划并保证了运动员的训练质量和效果。

（二）以赛带练

以赛带练指训练从实战出发，把适宜场数的比赛科学合理地安排到运动训练过程中，通过比赛促进运动员训练，并利用比赛反馈信息，及时调整训练计划，从而提高运动员的比赛能力，促进训练质量提高。以赛带练是通过比赛促进训练而非代替训练，核心是从实战出发，通过比赛提高运动员控制比赛的能力，调整运动员的竞技状态，激发运动员的训练动机；以赛带练是一个动态循环过程，通过比赛检验训练效果，利用反馈信息修订训练计划，使训练计划始终在反馈信息的作用下不断完善。

国家拳击队从2004年雅典奥运会之后开始增加参加国际比赛的次数，开始有目的、有计划地实施以赛带练。拳击项目的特点决定了训练必须紧密结合实战，运动员承受巨大心理压力和刺激的能力必须通过多打比赛来得到锻炼和提高。重点运动员的国际比赛场次从一年2～5场增加到20多场，这大大提高了运动员的参赛能力、控制比赛的能力、处理突发事件的能力及承受巨大心理压力和刺激的能力。

参加国际比赛也可以使运动员和教练员了解拳击运动发展的趋势，找出优势和差距，为针对性训练提供依据。在很多国际比赛中，国家拳击队的运动员把比赛当成教学实战，比赛之余还要进行正常的训练，在这种情况下，训练强度有时并不亚于平时的训练强度。例如，在2007年国家拳击队48公斤级组运动员全年训练和比赛日程表中，有5次国际大型比赛，36场教学实战，每个月就有3~4场比赛。

（三）国家拳击队备战北京奥运会的实施细节

1. 对拳击项目夺金与完成目标任务的形势分析

在距离2008年北京奥运会开幕仅剩一个月的时间里，为确保夺金目标的实现，国家拳击队对当时的形势进行了全面且系统的分析，抓住主要矛盾，解决关键问题，力求做到有备而来，有条不紊，过程见精，从细节入手，全力进行最后的冲刺。

经过了这些年不懈的努力，国家拳击队在项目上积累了一定的优势，具备了奥运夺金的实力，对在北京奥运会上有望夺取金牌的运动员满怀信心。但奥运会毕竟是最高水平的世界大赛，举世瞩目，这也意味着对手的高度重视。如何将优势转换为胜势是备战过程中应主要解决的问题，也是诸多工作的重点。

（1）主要对手情况分析

2008年北京奥运会拳击比赛共有284个席位。除91公斤以上级和91公斤级分别是16人参赛外，其他每个级别有28人参赛。

1）获得参赛资格的主要对手情况

从2004年雅典奥运会拳击项目金牌分布情况（表1–7）和2008年北京奥运会获得6个及以上席位出线情况（表1–8）看，传统拳击运动强国依然实力强劲，且能获得奥运会金牌的国家屈指可数。

表 1-7　2004 年雅典奥运会拳击项目金牌分布情况统计表

排名	国家	金牌	银牌	铜牌	奖牌总数
1	古巴	5	2	1	8
2	俄罗斯	3	0	3	6
3	泰国	1	1	1	3
4	哈萨克斯坦	1	1	1	3
5	美国	1	0	1	2

表 1-8　获得 2008 年北京奥运会 6 个及以上席位出线情况统计表

获得席位数	国家（三站出线比例）	备注（没出线的级别）
11	俄罗斯　（9∶1∶1）	—
10	中国　（7∶3∶0）	51 公斤级
	哈萨克斯坦　（4∶1∶5）	91 公斤级
	摩洛哥　（1∶6∶3）	81 公斤级
	古巴　（0∶9∶1）	81 公斤级
9	法国　（3∶1∶5）	81 公斤级，91 公斤以上级
	美国　（5∶3∶1）	81 公斤级，91 公斤以上级
	澳大利亚　（0∶9∶0）	
8	阿尔及利亚　（0∶8∶0）	48 公斤级 51 公斤级 64 公斤级
	泰国　（5∶3∶0）	81 公斤级 91 公斤级 91 公斤以上级
	乌克兰　（4∶4∶0）	51 公斤级 54 公斤级 64 公斤级
	英国　（4∶3∶1）	48 公斤级 57 公斤级 91 公斤级
7	乌兹别克斯坦　（1∶4∶2）	60 公斤级 64 公斤级 91 公斤级 91 公斤以上级
6	加纳　（0∶2∶4）	—
	意大利　（4∶0∶2）	

从表 1-7 和表 1-8 中我们可以看出，传统拳击运动强国古巴和俄罗斯实力强劲，从近年的比赛和奥运资格赛的情况来看，这两

个国家的运动员整体技术全面、体能出众而且经验丰富，同时还拥有非常有经验的教练员团队，在各种比赛中经常将大多数的金牌收入囊中。

根据表 1–8 提供的信息，我们可以得出如下结论。首先，入围的每一个国家的运动员都是我国最主要的对手，我们需要认真地研究并拿出对策才有取胜的机会。其次，哈萨克斯坦、法国和摩洛哥的运动员实力不容轻视，尤其是哈萨克斯坦，其拳击项目开展早，运动员成绩好，其运动员近年与我国运动员接触比较多，非常了解我国运动员的特点。任何疏忽都会导致失败，我国运动员在赛前必须保守技战术秘密。虽然我国运动员与法国和摩洛哥运动员接触较少，但仍需格外小心，摩洛哥能有这么多运动员入围足以说明他们具备相当的实力。再次，一些国家的运动员特点鲜明，阿尔及利亚和乌克兰共获得 8 个席位，几乎全是中大级别，泰国和美国获得的席位几乎都是中小级别，而且泰国的拳击项目曾两次获得奥运金牌。我们需要根据不同国家运动员的打法特点来制定战术策略，同时，还必须警惕那些来自拳击运动强国、曾经指导过我国拳击运动员训练的教练员团队，他们对我们有过针对性研究，如哈萨克斯坦、泰国等国的教练员团队。

2）邹市明的主要对手情况分析

从表 1–9 中我们可以看出，获得 48 公斤级比赛资格的运动员共有 28 名。在这 28 名运动员中，邹市明的对手主要来自亚洲、欧洲、非洲和美洲，其中有些拳击运动员曾在国际比赛中和邹市明进行过较量，他们对邹市明都进行过认真的研究，对邹市明的打法特点非常熟悉。因此邹市明对这些对手都必须非常重视，需要重点关注的对手来自菲律宾、哈萨克斯坦、泰国、蒙古国、塔吉克斯坦等国家。

表 1－9　2008 年北京奥运会拳击项目各洲获得 48 公斤级比赛资格运动员人数统计表

地区	非洲	美洲	亚洲	欧洲	大洋洲	合计
人数/人	6	6	7	8	1	28

我国拳击运动员在国际比赛中很少接触美洲、非洲和大洋洲的拳击运动员。除古巴运动员外其余国家的运动员整体实力较弱，因为交手较少，我国运动员对其了解也不多。然而，值得一提的是，邹市明在之前的非正式比赛中接触过一些选手，很多选手的主要特点是技术全面，身体条件较好。尽管有一些选手比赛经验稍有欠缺，但目前来看也不容轻视，所以邹市明需要谨慎对待这些选手。

（2）奥运夺金形势分析

1）有利因素

国家拳击队在各界人士的大力支持下，经过对项目规律的不断认识，对训练方法的不断探索和研究，近几年来训练水平不断提升，取得了不错的成绩。2007 年芝加哥世锦赛多个级别取得了历史性的突破，尤其是邹市明在比赛中的表现得到国际拳击界人士的认可。这些成绩的取得说明中国拳击运动整体水平在不断提高，也得到了国外同行的认可。这使国家拳击队在北京奥运会上取得好成绩坚定了信心，同时也有了冲击金牌的希望。

外部环境也有利于好成绩的取得。国际拳联改选后积极促进比赛过程的公平、公正；常建平担任国际拳联副主席，2008 年奥运会又是主场作战，这些都给国家拳击队提供了发挥水平、创造佳绩的条件，有利于其取得好的成绩。

邹市明的技战术日臻成熟，大赛经验丰富，具备了夺取奥运冠军的实力。2004 年雅典奥运会之后，邹市明在亚洲锦标赛、多哈亚运会、四川绵阳世锦赛和芝加哥世锦赛上均取得了冠军，五次被评为最佳运动员，在一系列的大赛中证明了自己的实力，同时也增长了经验，丰富了技术，巩固了特长技术。芝加哥世锦赛中邹市明参赛 6 场，平均比分是 21∶5，说明他具备了很强的进攻能力，同时也具备了非常强的防守能力。可以说，邹市明已达到了技术全面，不依赖于某些特长技术这样的一种技术状态，且教练组对他的训练与塑造贯穿了其为冲击奥运金牌而拼搏的全过程。

2）不利因素

在有利因素的基础上我们也要认识到奥运会作为最高水平的体育赛事，竞争尤为激烈，世界各国都非常重视。随着国家拳击队成绩的取得，邹市明已经成为各国对手研究的重点。我国拳击项目在 2008 年以前还没有取得过奥运会的金牌，能够在北京奥运会夺取金牌一直是国家拳击队努力的目标，但奥运会夺金过程充满太多不确定的因素，对于邹市明来讲，只有全力以赴地拼搏才有可能取得奥运金牌。

国家拳击队经过努力获得了 10 个出线名额，但这并不意味着在奥运会上就一定会取得大丰收，尤其是对于夺金。尽管邹市明具备夺金的实力和能力，在其他级别上也有希望取得好成绩，但国家拳击队整体还不具备团体作战的优势。近几年国家拳击队在国际比赛上取得的成绩，只是阶段性的胜利，传统的拳击运动强国如古巴、俄罗斯等，在拳击项目上的积累与沉淀往往在关键时刻发挥极其重要的作用。国家拳击队对此必须高度重视，来不得半点马虎。

2. 奥运夺金与完成目标任务需要做的准备

在奥运会上取得好的成绩是一个系统工程，运动员赛前如何巩固前期训练成果，保持良好的竞技状态，预防意外伤病，调整好心态，这些问题成为比赛的关键问题。结合邹市明当时的情况看，要想夺取奥运会金牌仍需要做好以下几个方面的工作。

（1）必须客观分析局势，制定合理的奥运冲金策略

拳击运动是充满激情、野性和智慧的运动，也充满了障碍和陷阱。拳击运动员夺取金牌要有极强的应变能力，果断和自信也是必不可少的要素。拳击运动对运动员意志品质要求高，对运动员心理素质要求高，对运动员反应速度要求高，对运动员智能要求高。拳击运动的这些特点，使得我国拳击项目的夺金之路充满了坎坷。

在 2004 年雅典奥运会上邹市明已经具备了冲击金牌的实力和能力，但稍有不慎我们的奥运金牌梦想就会破灭。2007 年芝加哥世锦赛我国运动员取得了 1 金 4 铜的成绩，并不代表运动员在下一次比赛中就一定可以获得奖牌。虽然我国拳击运动员比赛的名次提升了，但是我们必须冷静客观地分析形势，制定合理的奥运冲金策略，这是我们奥运冲金的关键。2008 年北京奥运会拳击比赛设立了 11 个级别，拿金牌的运动员须具备相当的实力。这要求我们必须实事求是、重策略。在赛前备战过程中，最重要的是教练员和运动员对训练和比赛过程的掌控，把问题想全、想细，更要考虑如何解决目前存在的重点问题和实际问题，但是过细的预案和程序化方案也可能不妥，信息一旦外漏将会带来毁灭性的打击。细节决定成败，但并不是说要抓鸡毛蒜皮的琐事，而是要抓住重点，在宏观上把握住重点。

（2）合理参赛，重视心态问题

奥运会不同于世锦赛、世界杯等比赛。奥运会的赛程长，运动员容易受到外界环境的影响和干扰，拳击项目又是控体重项目，运动员在控制好体重的基础上保持良好的状态，安排好比赛期间的训练和生活等显得尤为重要。

2008 年北京奥运会我国拳击项目占了天时、地利、人和之便，

但同时运动员渴望胜利、追求表现，容易形成心理压力。如何使运动员减轻压力，变压力为动力也是教练员要注意的问题。例如，邹市明在每一场比赛上会遇到不同的对手，也只有运用不同的心态，不追求形式上的完美，只求恰到好处，才能游刃有余地应对比赛。另外，邹市明对于曾经战胜的对手轻敌大意的问题也要注意，考虑问题应该更充分一些，这样更有利于自身水平的正常发挥。

（3）保持竞技状态，预防伤病，加快恢复

拳击运动员的技战术水平很难在短时间内提高，因此赛前的关键问题是如何保持现有的竞技能力和状态。这需要教练员团队认真思考，并在训练过程中加以重视，其中加强伤病防治是重中之重。

3. 确保奥运夺金与完成目标任务的具体措施和方案

拳击运动员要在2008年北京奥运会上发挥出自己的最高水平，就需要各方相关人士科学地安排工作，全方位进行保障，全力以赴完成好最后的备战工作，其中教练员、运动员、科研人员、医务人员和领导层的把控是取胜的重中之重。例如，教练员争取做到“三个统一”，即科训统一，理论与实践统一，赛前训练与比赛统一，其中第三个“统一”最为重要。运动员做到“三个认真”，即认真吃好每一顿饭，认真睡好每一次觉，认真训练好每一堂课。

此外，在运动员具备技术、战术、体能、心理和智能五大竞技能力的基础上，教练员应在“快、全、连、变、准、控”上下功夫，主要的措施有以下几个方面。

（1）深入分析了解对手，做到知己知彼

深入分析了解对手既有助于教练员制定打法战术，也可以帮助运动员树立自信心。分析切不可流于形式，教练员要全面分析，分析对手在不同条件下的特点，从而制定合理的针对性策略。运动员要多看对手的录像资料，并和自己的教练员和陪练员共同探讨，模仿对手的特长技术，寻求合适的应对方法，并反复演练，深入分析。拳击项目的战术打法和技术特点是变化的，不可先入为主，以偏概全。

（2）安排好赛前训练，赛练结合

重视实战训练的作用，最大限度发挥实战训练的实效性，结合赛前训练的特点，根据项目的制胜因素，从以下五个方面根据比赛及实战的需要，制订并实施训练计划，在速度、节奏和准确性上狠下功夫。

第一，在技术训练方面，要求运动员在高强度对抗条件下运用合理的技术动作。针对邹市明的情况，应尤其强调其进攻能力的训练，重视进攻的节奏和抢点的时机，巩固其脚下移动能力和有效距离内的反复攻防转换能力，训练过程力求简单化，强调训练的实效性，进一步加强其驾驭比赛的能力。教练员对于整个训练过程进行录像跟踪，并要求运动员在训练后反复观看，不断地总结和复习，提高训练效果，提升运动员的精细感觉。

第二，在体能训练方面，训练负荷整体上要达到最大强度比赛的负荷，训练内容的安排要符合拳击比赛的要求，重视强度的积累，强调间歇的合理性，重视提高运动员专项能力的训练。

第三，在身体素质训练方面，重视小肌群和协调灵敏性训练，以此来提高运动员的身体素质。

第四，在实战方面，提高实战的比例，重视条件实战的运用，切实提高运动员的对抗能力；将训练内容全方位融入实战，每周至少安排两次队内正式比赛；在训练中加入节奏训练来提高运动员的控制能力；重视时机训练，提高运动员对时机的把握能力。

第五，在战术训练方面，重视分段战术演练和全程模拟战术演练，培养运动员在不同情况下的战术素养。可以采用反复模拟开局和终局的演练，配合比分领先和落后的情境，利用陪练运动员的特长技术进行各种组合演练。

总的来说，在赛前训练阶段，教练员要狠抓训练质量，实施高质量大强度的训练，以实战带动训练、以训练促进实战，以解决比赛中出现的问题。运动员要始终保持在一个较高的训练水平上，突出专项训练，从单拳形式入手，过渡到组合拳形式以达到比赛的要求。

（3）在训练中融入心理技能训练，提高运动员大赛心理素质

教练员在实施训练的过程中要帮助运动员增强自信心，首先要提高运动员的全面技术水平，增强他们的专项能力，运动员有了较强的专项能力，就不怕强对抗性的比赛。训练过程中教练员与运动员共同深入探讨拳击项目的规律，让运动员充分地相信自己教练员的技术、战术训练安排能力和临场指挥能力，这样就会充分提高运动员的心理稳定程度。其次是要在平时的训练中帮助运动员树立正确的比赛动机，以此来缓解运动员参加大赛的紧张心理状态。最后要尽力缓解运动员的心理疲劳。拳击项目赛程长，运动员备战时间长，而且是交手项目，大赛期间运动员要注意心理疲劳和恢复情况。对于拳击运动员来讲，保持神经系统的正常状态非常关键。无论是平时训练还是真正的比赛，他们必须注意力集中，全身心地投入对抗，因此他们的中枢神经系统的消耗非常大。这非常关键。很多运动员的运动损伤和比赛失利都是由中枢疲劳导致的。

（4）防伤防病，重视恢复

运动员大赛前的任何伤病都可能使以前的努力前功尽弃。这就需要在加强管理、严格要求的前提下，重视对运动员伤病的预防，重视训练中对运动员的保护，必须科学合理地安排训练；同时要重

视运动员训练后的恢复，必须加大恢复保障力度，合理地整合自然恢复、按摩放松、营养品补充、膳食平衡和中药调理等手段，最大限度保障运动训练的效果。

二、因材施“训”和全面提高

当运动员进入高水平训练阶段，更要突出因材施“训”，因为这一阶段是全面消除运动员各种“小毛病”，细抠动作质量和充分发掘每个运动员优秀特质，培养每个运动员特色或风格的重要阶段。这就要求教练员根据每位运动员的身体素质、技术特点、潜在能力、可持续发展性等，善于去利用和发掘每个运动员的优势，精心设计各种难、新动作，编排成套动作，制定训练目标，合理安排训练内容及运动量等，做到综合思考、系统策划、因材施“训”、辩证施“训”，将不同资质的运动员塑造成不同风格的优秀运动员。

教练员根据大赛的规划科学制订并实施训练计划才能培养出优秀的运动员。然而，即便是优秀运动员在训练和比赛的过程中也会暴露出各种问题，这就要求教练员能够分清主次，结合运动员的年龄特点、技术特长及机能状态制订具体的训练计划，因材施“训”，这是中国拳击运动不断取得进步的经验之谈。例如，邹市明能够取得成功就是三个阶段的因材施“训”的结果，这三阶段分别是基础阶段、稳定阶段和高水平阶段（创新阶段）。

（一）基础阶段

邹市明在基础阶段的训练任务是通过大量的基本功训练，如站桩式基本动作的定位训练、单一的技术重复训练、一般身体素质训练和力量训练，来规范技术动作，提高身体各方面的素质，为下一阶段的训练打好基础。

（二）稳定阶段

邹市明在稳定阶段训练的内容主要为各种组合拳、步法、闪躲、格挡等防守反击技术，根据黄种人小、灵、快、变的特点，结合专项手靶、沙袋、跳绳等练习，建立起自己独特的防守反击打法，同时参加各种比赛，以增加比赛经验。

（三）高水平阶段（创新阶段）

此阶段邹市明已经打好了技能基础并且形成了自己的打法特点，此时教练员主要是针对他的特点来制订专门的训练计划，创新训练手段，以进一步突出他的特点。教练员在施训过程中认真总结和分析邹市明的特点，根据他比赛场上头脑清醒、步法移动快、出拳果断的优势及力量差、体质单薄的弱点，制订相应的训练计划。训练重点是以实战为核心，在专项技术上狠下功夫，反复演练不同角度的组合拳，训练中始终强调步法练习。

另外，邹市明根据不同拳击对手的特点，如高与矮、反与正、快与慢、力大与力小演练技术和战术，创造出五种步法练习以及行进间攻防、围绳边角等技术练习；加强脚下步法移动的练习，形成旋转式的反击模式；体能训练中以专项能力训练为主，对练的比例增大，一般身体素质训练及大力量训练比例减小。有氧跑在没有减控体重的情况下，很少超过 3000 米，20～30 米往返跑等强度跑练习多于耐力跑练习。力量训练中注重专项力量的训练，很少安排全身大力量的练习，加强小肌肉群、关节部位的练习，以此来降低对抗过程中的受伤率。

邹市明在此阶段的训练负荷参考实战负荷强度，每次训练课都紧紧围绕实战负荷强度进行，每次训练课不超过 2 小时，一周训练的时间为 12～14 小时。在平时的训练中，沙袋、手靶、步法、小力量、跑步等训练都要紧紧围绕着拳击比赛的负荷进行，而且大部分的时间都用在专项技术训练和实战上，一般身体素质训练和大力量训练的比例要相对减少。邹市明在几年的训练和比赛中不但没有受过重伤，而且在比赛中还表现出专项能力强、体能好的特点。根据安排，每周三、周五邹市明会进行自由对练，并在这个过程中去主动思考、认真钻研技术和战术，有足够的空间和时间来主动加深对拳击项目的理解和认识，培养自己即兴发挥的能力。

体育项目训练中较重要的两个方面是训练的负荷及运动员的适应能力。运动员应该具备比赛所需要的高度适应能力，他们要有超强的体能来适应比赛需要，这种超强的体能需要通过训练来获得。教练员实施训练时要安排合适的量和强度，这样才能对运动员产生良好的刺激。为此教练员可以根据不同的级别比赛所需要的速度、力量并结合运动员的专项能力来制订个性化的训练计划，根据重点运动员的特点和不足来确定最佳的训练方法和手段，根据运动员各自的机能特点来确定最佳的保障方案。

总之，运动员只有技术全面、特长突出、体能出众、作风顽强和心理素质过硬才能取得好的成绩。根据我国拳击运动的“快、全、连、变、准、控”六字方针，运动员要保证技术全面提高的同时在“快”上狠下功夫。另外，运动员在特长技术方面要走创新之路，在学习国外先进技术的同时形成自己的风格，尤其是重点运动员，只有这样才能在比赛中保持技术的领先，保证在大赛中有所突破。此外，运动员顽强的作风及过硬的心理素质也是需要通过训练来形成和培养的，这就要求教练员开动脑筋，找到切实有效的心理技能训练模式和方法，提高优秀运动员在各种情况下的心理调控水平。

第六节 优秀拳击运动员模型

一、国外高水平拳击运动员的特点

拳击运动经历了百年的发展，传统拳击运动强国已经形成了自己独特的风格和流派。以俄罗斯为代表的东欧各国的运动员在比赛中表现出的特点是进攻速度快、出拳力量大、技术动作规范；以古巴为代表的拉丁美洲各国的运动员表现出的特点是步法移动灵活、距离感和时机把握得较好，擅长防守反击。这些国家的高水平运动员的特点鲜明。从他们在奥运会中所获得的成绩来看，他们代表了当今世界拳击运动的最高水平。我们通过研究他们在比赛中的表现及技战术风格，可以总结出国外高水平拳击运动员的特点：技术全面、基本功扎实、头脑清醒、比赛经验丰富，具体表现为心态好，实力强及比赛发挥稳定、战术运用合理。

1. 心态好

心态是对事物发展表现出的不同的思想状态和观点，我们对于任何心态都可以用两种观念去看：一种是正面的、积极的观念；一种是负面的、消极的观念。决定一个人正面或负面看法的就是心态。积极的心态使人快乐、进取、有朝气、有精神；消极的心态则使人沮丧、难过、没有主动性。拳击比赛中永远存在着胜利和失败，拥有积极心态的人看到的永远是比赛胜利的一面，而拥有消极心态的人只看到比赛失败的一面。积极的心态能把比赛的不利变成有利，消极的心态则能把有利变成失利。

高水平拳击运动员由于自身技术较全面，在经过各种大赛的历练后，具备了良好的心理素质和丰富的比赛经验。所以，在比赛时他们普遍存在心态好的特点，表现出心态稳定、自信心强、不畏强手的精神面貌，赛场上的拼搏能力明显高于心态较差的运动员。

2. 实力强

高水平拳击运动员在技术方面普遍具有非常扎实的基本功、全面的拳击技术、较强的主动进攻抢点意识及防守反击能力，他们在比赛中所取得的成绩充分证明了自己的实力水平。

由表 1－10 我们可以看出，邹市明在 2004 年雅典奥运会半决赛中在前两个回合得点领先的情况下，最终以 17 比 29 负于古巴运动员巴雷拉，未能晋级决赛，获得一枚铜牌。在这场比赛中，前两个回合邹市明发挥十分出色。比赛刚开场邹市明主动发起进攻，连续击中对手，首先获得 2 点。巴雷拉在开场阶段对于邹市明的打法不太适应，尽管他比邹市明高 2 厘米，但他并未充分利用身高臂长的优势，一直处于被动之中。第 1 回合结束，邹市明以 6 比 2 领先。第 2 回合邹市明保持优势以 11 比 7 继续领先。但是在第 3 回合开始后 29 秒时，巴雷拉改变了战术，利用组合拳等技术反超，仅仅在第 3 回合，巴雷拉就赢得了 13 点，而邹市明只赢得了 3 点，巴雷拉在第 3 回合成功赢回 10 点。在最后一个回合的比赛中，巴雷拉由于处于领先状态，开始采用以防守、搂抱反击为主的策略，最终，邹市明以 17 比 29 遗憾地输掉了比赛。

表 1－10　邹市明 2004 年雅典奥运会拳击比赛半决赛比分统计表

回合	比分（累计）	分差
第 1 回合	邹市明/巴雷拉 6∶2	+4 点
第 2 回合	邹市明/巴雷拉 11∶7	+4 点
第 3 回合	邹市明/巴雷拉 14∶20	－6 点
第 4 回合	邹市明/巴雷拉 17∶29	－12 点

注：比分为累计制。

通过这场比赛我们可以看出，古巴运动员巴雷拉在关键时刻凭借其扎实的基本功和全面的技术得点反超，奠定了胜利的基础。虽然前 2 个回合他得点落后，但是在第 3 回合他抓住时机，利用 1 分半的时间不仅挽回了局面，而且还把优势扩大，最终取得胜利。对于古巴运动员巴雷拉来说，整场比赛的关键就是第 3 回合 29 秒以后的 1 分多钟的时间。巴雷拉凭借他在技术、战术、体能、心理及智能等方面的实力，扭转败局，最终赢得比赛。这也说明了高水平拳击运动员必须在基本功、全面的拳击技术、主动进攻抢点及防守反击方面具有较强的实力。

3. 比赛发挥稳定、战术运用合理

在战术运用方面高水平拳击运动员可以根据不同对手的特点运用合理战术来控制对手，掌握先机，一旦得点领先就不急于进攻，而是表现出非常全面的防守技术，尤其是脚下的移动能力和反击能力强，下潜防守和中近距离对抗能力强，拍击和手臂格挡的防守能力强。

古巴是目前拳击项目两大流派的代表之一，其运动员的特点是步法移动灵活、距离感和时机把握得较好，擅长防守反击。在历届奥运会拳击比赛中他们共获得了 32 枚金牌，世界排名第二。古巴拳击运动员在比赛中普遍表现出战术运用合理，得点能力突出，防守技术全面，保点能力强的特点。通过对古巴 64 公斤级拳击运动员索托隆戈在 2007 年芝加哥世锦赛、2008 年北京奥运会和 2009 年阿塞拜疆世锦赛中的技战术特征进行分析，我们可以看出高水平拳击运动员在技战术应用方面的特征。

表 1-11 的统计结果显示，在众多拳法当中，索托隆戈的三拳组合、直摆组合和直勾组合使用率较高，分别为 13%、12%和 11%，这三种拳法的成功率则分别是 50%、67%和 77%，使用效果较好，

其余所列拳法的使用率在 2%~8%。

表 1－11　索托隆戈进攻拳法选择与效果统计表

拳法	前手直拳	后手直拳	前手摆拳	后手摆拳	前手勾拳	后手勾拳	直直组合	直摆组合	直勾组合	摆勾组合	摆摆组合	勾勾组合	三拳组合	三拳以上	二次进攻
使用次数	12	21	9	9	5	9	27	39	35	27	23	21	42	26	23
使用率/%	4	6	3	3	2	3	8	12	11	8	7	6	13	8	7
得点数	4	10	3	4	1	2	13	26	27	15	9	11	21	13	9
成功率/%	33	48	33	44	20	22	48	67	77	56	39	52	50	50	39

表 1－12 的统计结果显示，索托隆戈在比赛中较多选择防守破绽、移动当中、击打落空作为进攻时机，使用率分别为 23%、19%、12%，分列前三。进攻成功率也普遍较高，其中移动当中进攻的成功率达 62%；此外，索托隆戈在将进攻起动和击打落空作为进攻时机时，成功率分别为 56%和 54%。

表 1－12　索托隆戈进攻时机选择与效果统计表

进攻时机	防守破绽	移动当中	失去重心	击打落空	进攻结束	围绳边角	受到重击	进攻起动	抱头防守	对攻过程
使用次数	77	63	25	39	13	25	19	27	19	21
使用率/%	23	19	8	12	4	8	6	8	6	6
得点数	38	39	11	21	6	11	10	15	8	9
成功率/%	49	62	44	54	46	44	53	56	42	43

表 1–13 的统计结果显示，索托隆戈在击打部位的选择上与重拳型选手较相似，有效击打部位的使用率在 6%～20%，位列前三的部位是面部、下颌部和左肋部，使用率分别是 20%、18%和 13%。各个有效击打部位的击打成功率也较高，都高于 50%，成功率位列前三的有效击打部位分别是面部、腹部和下颌部（与右肋部并列第三），分别达 85%、76%和 67%，由此可见索托隆戈在击打有效部位的进攻中成功率都较高，效果较理想。

表 1–13　索托隆戈击打部位选择与效果统计表

击打部位	面部	下颌部	左肋部	右肋部	胸部	腹部	无效部位
使用次数	66	58	43	24	19	33	85
使用率/%	20	18	13	7	6	10	26
得点数	56	39	22	16	10	25	0
成功率/%	85	67	51	67	53	76	0

由表 1–14 我们可以看出，索托隆戈对于各项防守技术的使用比较均衡，使用次数最多的为向右闪躲，为 29 次，使用率为 17%，使用次数最少的为向左闪躲和拍击防守，均为 14 次，使用率均为 8%；得点数较多的为移动防守和向右闪躲，分别为 21 点和 19 点，成功率分别为 88%和 66%；在索托隆戈所使用的防守技术中，成功率最高的为移动防守，为 88%，成功率最低的为向后闪躲，为 39%；在失点数和失点率方面，失点最多的防守技术是向后闪躲，为 11 点，失点率为 61%，失点最少的防守技术是拍击防守，为 2 点，失点率为 14%。

表 1-14 索托隆戈防守技术使用效果统计表

防守技术	格挡防守	向左闪躲	向右闪躲	拍击防守	移动防守	抱头防守	摇臂防守	贴靠防守	向后闪躲
使用次数	21	14	29	14	24	18	17	16	18
使用率/%	12	8	17	8	14	11	10	9	11
得点数	15	6	19	12	21	15	13	13	7
成功率/%	71	43	66	86	88	83	76	81	39
失点数	6	8	10	2	3	3	4	3	11
失点率/%	29	57	34	14	12	17	24	19	61

由表 1-15 我们可以看出，索托隆戈在各项移动防守技术的使用上，后撤步的使用次数最多，为 75 次，使用率为 44%，使用次数最少的移动防守技术是交叉步，为 13 次，使用率仅为 8%；从得点数上来看，使用后撤步得点最多，为 61 点，成功率为 81%，得点数最少的移动防守技术是交叉步，13 次使用中仅 6 次得点，成功率为 46%；在失点数和失点率方面，失点数最多的是滑步，为 16 点，失点率为 34%，失点数最少的是交叉步，为 7 点，但失点率最高，为 54%，而后撤步的失点率最低，为 19%。

表 1-15 索托隆戈移动防守技术使用效果统计表

移动防守技术	滑步	交叉步	环绕步	后撤步
使用次数	47	13	36	75
使用率/%	27	8	21	44
得点数	31	6	23	61
成功率/%	66	46	64	81
失点数	16	7	13	14
失点率/%	34	54	36	19

由表 1–16 我们可以看出，索托隆戈在防守时机的选择上，使用次数最多的是连续进攻，为 44 次，使用率为 26%，使用次数最少的是二次进攻，为 21 次，使用率为 12%；在得点方面，得点最多的为连续进攻，35 点，最少的为二次进攻，13 点，前者成功率为 80%，后者为 62%；在失点数方面，各防守时机的使用差别不大，失点数均在 7～9 点；在失点率方面，失点率最高的是二次进攻，为 38%，失点率最低的是连续进攻，为 20%。

表 1–16　索托隆戈防守时机选择与效果统计表

防守时机	假动作后	蹬转发力	冲刺步进攻	二次进攻	连续进攻	准确预判
使用次数	25	26	24	21	44	31
使用率/%	15	15	14	12	26	18
得点数	16	17	16	13	35	24
成功率/%	64	65	67	62	80	77
失点数	9	9	8	8	9	7
失点率/%	36	35	33	38	20	23

由表 1–17 我们可以看出，索托隆戈在防守方面，得点最多的是破坏节奏，为 43 点，成功率为 36%，得点最少的是制造犯规，为 3 点，成功率为 2%。

表 1–17　索托隆戈防守效果统计表

项目	阻扰进攻	破坏节奏	利于反击	破坏距离	制造犯规
得点数	31	43	26	18	3
成功率/%	26	36	21	15	2

通过以上对古巴运动员索托隆戈的技战术特征的分析，我们可

以看出，他在进攻拳法方面技术比较全面，擅长使用三拳组合、直勾组合和直摆组合；进攻时机把握较好，在移动当中进攻的成功率达 62%；击打部位分布较散，其中面部的有效击打成功率为 85%；防守技术运用成功率普遍较高，在移动防守技术应用方面后撤步使用率最高；在防守时机选择方面，连续进攻使用次数最多，且成功率达 80%。这些说明索托隆戈在比赛中连续进攻能力突出、技术全面、战术运用合理、运用效果显著，这也是高水平拳击运动员普遍存在的特征。

二、中国拳击运动存在的问题

多年来，中国拳击运动在世界上一直处于中等偏下的水平。近年来，邹市明连续六年在世界大赛上取得佳绩，证明我国拳击运动决策者根据我国运动员的特点所制定的训练和比赛指导方针是正确的，教练员针对优秀运动员实施个性化训练是明智的，所形成的中国式打法是有效的。

通过这几年的训练，我国小级别拳击运动员在战术打法方面可以克制对手，在技术方面也占有一定的优势。但我们又不得不清醒地认识到，其他级别的运动员还很难和国外强手抗衡，这意味着我们还有很长、很艰难的路要走。目前来看，我国的拳击运动员与国外高水平拳击运动员相比还有很大差距，主要表现在客观差距、主观差距和训练过程中的一些误区方面。

（一）客观差距

人种因素是我国拳击运动员与国外高水平拳击运动员相比存在的客观因素。在身材上我国拳击运动员的优势体现在身体的灵敏性上，而在其他身体素质上我国拳击运动员并不占优势，力量相对较弱，体型相对瘦小，疲劳之后的恢复相对较慢。因此，我国拳击运动员往往在比赛场上产生畏惧心理，自信心不强，很难发挥出自己的正常水平。这些都是客观因素导致的，是客观存在的，很难改变。

（二）主观差距

运动成绩的提高一方面需要运动员在训练中付出努力，另一方面需要教练员对拳击项目的本质特点及制胜规律有深刻的认识。拳击运动强国开展该项运动已经有 100 多年的历史，而我国由于正式开展拳击运动较晚，拳击运动决策者对于拳击项目的理解和认识还不够深刻，训练的指导思想不够明确，缺乏克敌制胜的方法和手段，训练效果欠佳。

（三）训练过程中的一些误区

我国部分拳击教练员在训练过程中对于技术、战术、体能、一般身体素质与专项能力等方面的训练思路还存在一些误区。

1. 重体能轻技术

各省市队运动员在进入国家队以前就经过大量的体能、力量和身体素质等方面的训练，进入国家队后他们接受着相同的训练模式，但是经过一段时间的训练后运动员在这些方面能力的提高并不显著。因为这些训练更多的是强调训练时间和训练量，而不追求训练的质量和效果。运动员在参加国际比赛的过程中，赢了点保不住，输了点打不回来，即便是力量再大、再能拼打也无济于事。这种结果的出现就是因为训练从严和大运动量训练比例太高，而我国拳击运动员输给别人的恰恰是技术和专项能力。在技术上我国运动员和国外高水平运动员相比，基本功不扎实、场上距离控制不好、击打准确度差、攻防转换能力差、进攻方法单一，还存在着盲目拼打的现象，比赛的目的性不明确，比赛中表现得技不如人，攻防脱节，难以形成自己独特的拳击风格。

2. 重场面轻战术

在战术上，有些教练员对拳击比赛的基本规律认识不够深刻，不能合理地运用战术，从而造成了比赛的失利。多数教练员对拳击战术理解和认识不充分，导致运动员在场上战术运用得不够合理，得点的办法不多，不能很好地把握连续得点的机会，赢点后的保点与扩大战果的能力欠佳。此外，很多运动员在比赛中只是盲目地利用自己的特点和特长，全然不顾对手的特长和技术风格，比赛中不能针对对手的个性来运用合理的战术。另外，有些教练员只要求运动员在本场比赛打得漂亮和有气势，在赢点的情况下往往鼓励运动员继续拼打，造成运动员体力不支，被对手反超，甚至出现在拼打过程中受伤继而输掉比赛的现象。再有，在多轮次的比赛中，教练员没有合理地布局安排，让运动员场场硬拼猛冲，即便输了也要输得好看，造成虎头蛇尾，却没有想到利用战术轻松赢得比赛，更没有使运动员尽可能保存体力来迎接即将到来的下一轮比赛。

3. 重大运动量训练轻专项训练

合理地掌握“三从一大”的科学训练原则，是国家拳击队训练的基本守则。教练员和运动员应根据不同的项目特点对“三从一大”的科学训练原则进行认识和理解。事实证明我国很多优秀教练员通过深刻认识和合理应用“三从一大”的科学训练原则，培养出许多优秀的运动员，为国家争得了荣誉。

然而，教练员和运动员盲目地遵从“三从一大”的科学训练原则，不结合本项目的特点，认识理解不到位，训练就会犯方向性的错误。初级运动员进入体校后，进行了大量的跑步、身体素质、大力量的训练。他们进了专业队或国家队后还是和以前一样，只追求训练时间和训练量，不追求训练质量和效果。训练从严、大运动量训练比例占得太高，专项技术练习少了、组合拳练习少了，就会造成运动员比赛不精细，乱拼乱打没有风格。

我国拳击运动员在训练中曾经步入一些误区，原因就是他们没有对拳击项目的特点进行深刻的认识和理解。我国拳击运动的制胜因素由“狠、拼、重、快”到“快、全、连、变、准、控”的转变，就是建立在教练员和运动员对拳击项目不断认识的基础之上的。原来的制胜因素强调的是运动员力量要大，出拳要狠，而且还要能拼打，以阵地战为主。在这种训练指导思想的影响下，运动员出拳单一，不注重组合拳的应用及连续进攻，且战术运用简单，只是强调单拳出拳的力量。由于人种差异，我国拳击运动员的力量素质及身体的对抗能力与欧美国家的运动员存在一定的差距，而且这种差距不是通过训练就可以缩小的。此外，没有技术的支持、没有战术的配合，运动员拥有再大的力量也不可能取得好成绩。鉴于此，在我国拳击运动员参加 2000 年悉尼奥运会、2001 年拳击世锦赛没有获得较好的成绩后，我国拳击运动决策者进行了认真总结和反思，根据世界拳坛的格局和我国拳击运动的发展现状，选择了小级别作为突破口，通过对拳击项目特点的深刻认识并结合我国拳击运动员的特点，总结出了符合我国拳击运动发展的“快、全、连、变、准、控”的制胜因素。

三、中国高水平拳击运动员的竞技能力特点

我国拳击运动决策者针对我国拳击运动近年来所取得的成绩，结合对拳击项目的理解和认识，对高水平拳击运动员应该具备的竞技能力进行了归纳和总结，认为高水平拳击运动员应该具备五个方面的能力，即技术全面、特长突出、体能出众、作风顽强和心理素质过硬（图 1-2）。

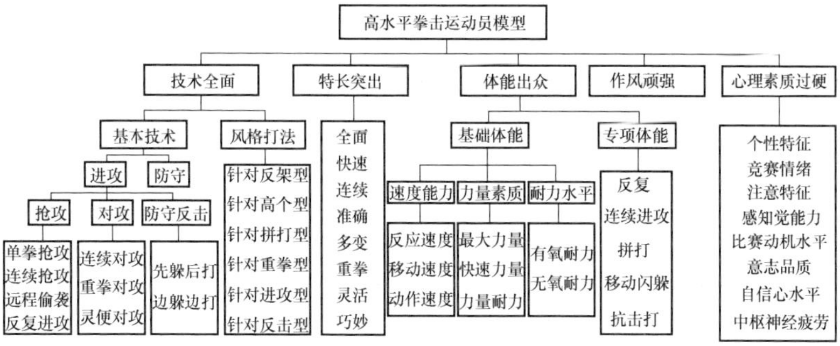

图 1－2　我国高水平拳击运动员模型

（一）技术全面

拳击运动是以技术为主导的对抗性运动项目，技术是项目的核心。技术全面包括拳击基本技术和运动员的风格打法，其中拳击基本技术包括进攻技术和防守技术。进攻技术又包括抢攻、对攻和防守反击。这些技术都建立在最基本的直拳、勾拳和摆拳的基础之上，并结合步法被运用在比赛中。基本技术是拳击运动的基础，运动员能够在掌握基本技术的基础上，结合步法和防守技术在比赛中全面应用各种技术才是取胜的关键。取胜除了运动员应用这些技术外，还取决于其风格打法，包括针对反架型、重拳型或者拼打型等对手的具体打法。

（二）特长突出

每名拳击运动员都要有自己的特长技术，特长技术是运动员克敌制胜的法宝。特长突出是指运动员结合各种技术形成自己的风格，这种风格建立在自身的优势技术上，包括全面的能力、快速出拳或移动、准确击打、具有穿透力的重拳等。特长突出的运动员比较擅长使用某些技术，但并不意味着其他方面就会很差。

（三）体能出众

体能是拳击运动员进行该项运动的基础，所有的技术和战术的应用都建立在体能的基础之上。体能包括基础体能和专项体能，是运动员以充沛的体力完成技战术要求的基本保障。基础体能要求运动员要具有较强的速度能力，包括反应速度、移动速度和动作速度；较好的力量素质，包括最大力量、快速力量和力量耐力；较高的耐力水平，包括有氧耐力和无氧耐力。专项体能是运动员在比赛中的专项应用能力，包括运动员连续进攻的能力、拼打的能力及抗击打的能力等。

（四）作风顽强

拳击运动员的作风顽强不仅体现在训练作风上，而且还体现在比赛作风上。不管是在训练场上还是在比赛场上，运动员都要表现出顽强的作风，肯吃苦，勤动脑，具有拼搏精神，同时应该养成非常规律的作息习惯并形成训练后注重恢复治疗的良好作风，为打好比赛或保证训练质量奠定良好的基础。

（五）心理素质过硬

拳击运动员要有过硬的心理素质和较强的自信心，就必须提高技术水平，增强专项能力。运动员有了较强的专项体能，就不怕强对抗性的比赛，一旦技术水平达到甚至超过国外运动员，而且掌握了一些特长技术，就能极大地增强自信心。训练过程中教练员与运动员共同深入探讨拳击项目的规律，运动员充分相信教练员的技术、战术安排能力和临场指挥能力，从而对自己训练水平的提高充满自信心。

表 1－18 是对邹市明在 2008 年北京奥运会拳击比赛 1/8 决赛中的比分统计，这场比赛是 48 公斤级的第 2 轮比赛，邹市明对阵的是法国选手乌巴利，第 4 回合双方打成 3 比 3 平，最后裁判员根据小点，判定邹市明获胜。这场比赛对于邹市明来说是一场关键的比赛，如果失利，那将意味着他就止步于八强了。在 2007 年四川绵阳世锦赛上邹市明曾经赢过乌巴利，这次奥运会乌巴利做了充分的准备，

第 1 回合两人 1 比 1 打平，第 2 回合两人谁都没有得分，第 3 回合双方各得 1 分，第 4 回合乌巴利在比赛还有不到 30 秒的时候再得 1 分，比分变为 2 比 3，邹市明落后 1 分，在比赛还剩 18 秒时，邹市明凭借过硬的心理素质，顽强拼搏，最终把比分扳成 3 比 3 平，凭借小点艰难胜出。

表 1－18　邹市明 2008 年北京奥运会拳击比赛 1/8 决赛比分统计表

回合	比分（累计）	分差
第 1 回合	邹市明/乌巴利 1∶1	0 点
第 2 回合	邹市明/乌巴利 1∶1	0 点
第 3 回合	邹市明/乌巴利 2∶2	0 点
第 4 回合	邹市明/乌巴利 3∶3	0 点

注：比分为累计制。

这场比赛邹市明最后能够获胜，自信心起到了决定性的作用。在最后 18 秒的时间内，教练员不可能再做出任何指导，邹市明依靠的就是自己顽强的作风和过硬的心理素质，在关键时刻连续出拳击中对手，不仅扳平了比分，而且还赢得了比赛。如果他当时不具备过硬的心理素质，没有在比赛最后时刻发挥顽强的意志品质，就不可能在短短 18 秒的时间内把比分扳平。国家体育总局拳击跆拳道运动管理中心前主任常建平曾提出两强相遇勇者胜，而勇者相遇智者胜，智者相遇稳者胜的观点，在这场比赛中邹市明在最后的 18 秒表现出的就是稳，没有因为比分落后而慌乱，而这种稳体现的就是过硬的心理素质。

因此，教练员要在训练中磨炼运动员的意志，尤其是进行专项能力训练时。此外，教练员要在平时的训练中帮助运动员树立正确的比赛动机，以此来缓解运动员大赛紧张的心理状态，还应注意缓解运动员的心理疲劳，因为拳击比赛赛程长，而且是交手项目，大赛期间尤其要注意运动员的心理疲劳和恢复情况。

小 结

拳击运动是以综合技术和全面能力为主的快速力量项目，是快速应变能力的体现，是快速力量对抗的表现，是技能、智能、体能和意志的综合较量。

我国拳击运动的训练指导思想为：以技术战术为生命，以速度为灵魂，以距离、时间差为突破口，以心理、意志品质为保障，以体能为载体，以控制来把握，以创新求发展，以赢得比赛为目的。

根据我国拳击运动的“快、全、连、变、准、控”六字方针，运动员要保证在技术全面提高的同时在特长上狠下功夫，体现出具有中国特色的“全面+特长”的打法。

高水平拳击运动员应该具备技术全面、特长突出、体能出众、作风顽强和心理素质过硬五个方面的能力。

通过对抗得点是拳击比赛的目的，运动员出拳的准确性和清晰度是影响得点的关键因素。

高水平拳击运动员在训练中，要以提高专项能力为主，根据自身的特点来确定最佳训练方法和手段，提高专项技术、专项体能和专项力量。训练的负荷也要围绕比赛的强度设定，避免盲目的大运动量、大强度训练。

第二章

中国拳击运动的科学训练实践

第一节 比赛规则改变后的拳击运动

一、比赛规则改变对拳击运动的影响

1994 年 11 月 24 日，在北京举行的国际业余拳击联合会（IABA）大会一致通过了一项决议，从 1996 年起，女子拳击将被正式列为该组织的比赛项目，并且在 2012 年进入奥林匹克大家庭。在此过程中比赛规则也在不断完善，在 IABA 自 1997 年开始实行的规则中，比赛采用 3 回合制，每回合 2 分钟，回合之间休息 1 分钟。运动员用紧握的拳套的拳峰部位直接击打在对手头部或腰际以上身体部位的正面或侧面，为有效击中，每击中一次得 1 点。根据 IABA 的申请，2012 年伦敦奥运会上男子项目采用 3 回合制，每回合 3 分钟，女子项目采用 4 回合制，每回合 2 分钟，回合之间均休息 1 分钟。

项目的规则就是指挥棒，我国拳击运动决策者要想进一步提升我国拳击运动的整体水平，争取在奥运会上有所作为，就必须尽快认清新规则下的拳击项目规律。拳击教练员和科研人员必须从训练方法、训练效果及运动员的专项训练等方面进行研究，掌握新规则下运动员的运动强度和代谢特点，从而为科学地安排训练内容与合理掌握训练和比赛的负荷量、强度提供参考。

二、比赛规则改变后拳击运动的特点

拳击运动的特殊性在于它是双方运动员通过两只拳头的对抗，进行体能、技术和心理的较量。拳击比赛的具体表现形式是两人在正方形的围绳比赛场地中，戴着特制的柔软手套，按一定的规则和技术要求，进行攻防对抗。攻防对抗的“武器”只能是戴着特制手套的两只拳头，攻防的目标只限于对方头部或腰际以上身体部位的正面或侧面。

拳击运动是运动员按体重级别参赛、近身对抗，并以拳峰击打对手身体有效部位为竞技内容的运动，所以对运动员的身体形态和体能有着较高的要求。拳击项目运动员所需的是出拳的力量、移动的速度、耐力，以及适合拳击比赛的神经类型和身体机能，这与田径和举重项目的运动员所需要的速度和力量并不一样，拳击项目的运动员必须借助一些类似的、有助于专项素质提高的辅助训练手段，而获取、发展这些训练手段的途径又是综合的、多样的。①

目前，拳击运动已经发展到了一个新的水平，尤其是新规则增加了比赛时间，减少了场间休息次数，比赛的竞争程度更加激烈，对运动员的体能、技战术和心理素质提出了更高的要求。

（一）新规则下拳击比赛的时间结构特点及亚洲各国拳击项目的特点

1. 新规则下拳击比赛的时间结构特点

拳击比赛规则的变化直接影响着拳击运动的发展方向。2009 年拳击比赛规则修改后，在比赛时间方面，男子项目中，一场比赛由原来的 4 个回合改为 3 个回合，每个回合的时间也由原来的 2 分钟改为 3 分钟。虽然比赛总的时间同为 11 分钟，但是规则修改后回合间的休息时间比原来减少了 1 分钟，实际比赛时间由原来的 8 分钟变成 9 分钟，增加了 1 分钟（表 2－1）。

---

① 崔松，刘旭东. 试论拳击运动体能的广义性[J]. 解放军体育学院学报，2000（S1）：59－60.

表 2－1 男子拳击项目时间、回合变动对比表

	新规则	旧规则	变动
比赛回合数	3 回合	4 回合	减少 1 回合
回合时间	3 分钟	2 分钟	增加 1 分钟
实际比赛时间	9 分钟	8 分钟	增加 1 分钟
回合间的休息时间	1 分钟×2 次	1 分钟×3 次	减少 1 分钟
比赛级别	10 个	11 个	减少 1 个级别

女子拳击项目每个回合 2 分钟的时间虽然没有改变，但一场比赛由原来的 3 回合改为 4 回合。比赛总的时间由 8 分钟增加至 11 分钟，比原来增加了 3 分钟，回合间的休息时间比原来增加了 1 分钟，实际比赛时间增加了 2 分钟（表 2－2）。

表 2－2 女子拳击项目时间、回合变动对比表

	新规则	旧规则	变动
比赛回合数	4 回合	3 回合	增加 1 回合
回合时间	2 分钟	2 分钟	无
实际比赛时间	8 分钟	6 分钟	增加 2 分钟
回合间的休息时间	1 分钟×3 次	1 分钟×2 次	增加 1 分钟
比赛级别	3 个	0 个	增加 3 个级别

2. 新规则下亚洲各国拳击运动的特点

在新规则下，亚洲各国的拳击运动员在 2010 年广州亚运会上各显其能，表现出不同的特点，运动员体能出众、对抗能力强的国家占据了一定的优势。中国和印度的拳击项目整体实力较强，获得的决赛资格在各级别分布较全。中国中小级别表现突出；印度中大级

别和个别小级别实力不俗，其运动员以近距离强攻对抗的打法为主，凭借体能和力量优势取胜；伊朗中大级别较为突出；菲律宾和泰国都以中小级别为主；哈萨克斯坦在大中小级别中均实力强劲，在新规则条件下更具竞争力，其运动员技术全面，战术安排合理，比赛经验丰富。综观整个2010年广州亚运会拳击比赛，各国更加重视战术运用，在开局、相持和终局阶段能够合理安排战术，表现出良好的战术素养。女子拳击比赛也呈现出同样的趋势。在这次比赛中，中国女子拳击队获得3枚金牌在很大程度上得益于我国女子拳击运动开展比较早，适应规则的变化比较早，运动员专项体能比较出众等。这也是未来拳击运动发展的趋势。

3. 规则改变对拳击运动员的影响

（1）体能

IABA此次修改规则，男子项目每回合比赛时间增加了1分钟，女子项目增加了1个回合，这样必然会增加运动员每回合体能的消耗，影响运动员技战术的发挥。

（2）心理

虽然男子项目的实际比赛时间只增加了1分钟（女子项目增加2分钟），但是这对运动员心理素质、临场掌控能力都会产生一定的影响。

（3）技战术

比赛对抗性明显增加，节奏更加紧凑，对技战术的连贯性要求更高。回合间休息时间的减少，缩短了运动员体能恢复的时间，同时运动员接受教练员即时指导的机会也减少了，比赛更具有观赏性，场上局势发生改变的可能性提高了。

规则的改变使比赛变得更加精彩、对抗性更强，提高了拳击比赛的观赏性，减少了运动员的消极行为。

（二）新规则下拳击运动员在比赛和教学实战中的心率和代谢特征

1. 男子拳击运动员的心率和代谢特征

（1）运动员的心率与训练和比赛的关系

拳击比赛规则的改变对运动员的体能、技战术和心理都有了更高的要求。对运动员实战后的心率和血乳酸浓度进行监测，了解拳击实战中运动员的运动强度和代谢特点，可以为教练员科学地安排训练内容与合理掌握训练和比赛的负荷量、强度提供参考依据。

众所周知，拳击运动是一项对抗性很强、场上变化复杂的运动，每一场比赛的强度都很难预知和控制。心率是反映运动员体内代谢情况的一个非常灵敏的生理指标。[①]心率的变化可以反映出机体在运动中的机能水平、能量代谢情况、训练负荷以及身体机能恢复程度。

有研究表明，心率与运动强度、摄氧量和能量代谢之间存在着显著的线性关系。在递增负荷运动直至次最大负荷运动中，随着负荷强度逐渐增大，能量代谢需求越来越高，摄氧量也越来越大，心率也会越来越高。运动员的多数训练（比赛）强度处于次最大强度以内，随着运动强度的变化，其心率也发生相应的变化。实施心率监控，可源源不断地将机体对运动负荷发生反应的生物反馈信息及时传送出来。

教练员了解比赛中运动员真实的负荷强度才能有目的地对其进行适应性训练。比赛强度受运动员的水平、专项能力及对手水平等众多因素的影响，只有了解比赛强度并在训练过程中使运动负荷达到或超过比赛的要求，运动员才能在激烈的比赛中赢得主动权。文献当中学者经常以运动员赛后即刻的心率来评价比赛强度。在正常

---

① 苏志雄，郝选明. 心率监测在运动训练中的作用及影响因素[J]. 成都体育学院学报，2002，28（2）：89-91.

的训练过程中，很多教练员习惯使用训后即刻的心率来评估运动强度，所以针对实战过程中强度变化的报道罕见。本书的研究通过监测运动员整个比赛过程中的心率，并且通过每个回合中运动员的最高心率及回合间最低心率来了解其心率变化情况。回合中的最高心率反映了每个回合的最大强度，也从侧面反映出了整个回合中运动员的心率水平，回合间最低心率反映了运动员心率的恢复情况。运动员在每个回合中和回合间心率的变化，可以反映出其对比赛的适应情况。

（2）拳击实战过程中运动员心率的特点

1985 年伯杰提出“业余拳击比赛中无氧代谢供能占 60%”[①]的理论。随着业余拳击比赛水平的提高和比赛激烈程度的增加，很多学者研究证实，目前拳击运动员的专项耐力素质的特点是以无氧代谢供能为主。[②]根据瑞典学者的理论“心率与吸氧量呈线性相关，最大心率百分比和最大摄氧量百分比呈线性相关”以及德怀勒等人的研究结果“最大心率百分比为 70%时，所有的受试者最大摄氧量百分比为 80%～85%；最大心率百分比为 90%以上时绝大部分人的运动强度达到无氧阈以上”，黄显忠等人测量了西安体育学院拳击运动员实战后即刻的心率，以此作为运动中的最高心率，并指出拳击比赛的强度是在无氧阈以上。[③]

针对旧规则下实战过程中运动员心率的研究发现，第 4 回合中的最高心率为（194.4±14.3）次/分，非常明显高于第 1 及第 3 回合

① 伯杰. 实用运动生理学[M]. 北京：人民卫生出版社，1985：59－65.

② 高维纬. 中华人民共和国第八届运动会拳击比赛调研报告[R]. 北京：组委会科研部，1997：267－272.

③ 黄显忠，王孝治. 拳击运动员：专项耐力的特点及其训练方法[J]. 商洛师专学报，1997（2）：41－42.

（$P<0.01$），明显高于第 2 回合（$P<0.05$）；第 3 回合的最高心率非常明显高于第 1 回合（$P<0.01$）。从图 2-1 中我们可以看出，男子拳击运动员实战中的各回合心率总体来说呈递增趋势。

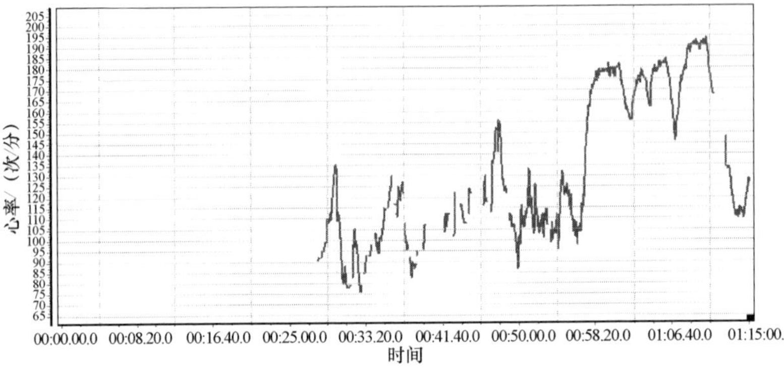

图 2-1　男子拳击运动员实战中各回合心率变化趋势

从图 2-2 中我们可以看出，实战中运动员的最高心率在 180 次/分以上。此外，赛后 3 分钟安静状态下运动员的血乳酸浓度为（12.9 ±3.3）毫摩尔/升。

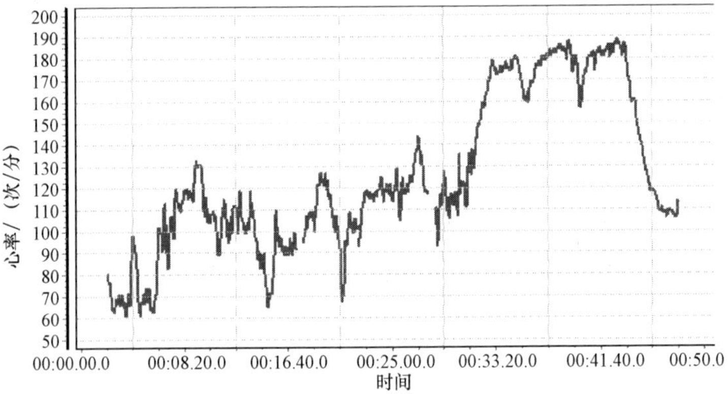

图 2-2　男子拳击运动员实战中的最高心率

新规则下运动员的心率特点与旧规则下的心率特点比较相似，整体上来看，每个回合运动员的心率逐级递增，心率水平与旧规则时相近，最高心率在 180 次/分以上，与旧规则时相比没有显著的差异，只是运动员心率受到打法和场上形势的影响更大，变异系数增加。

对于拼打型和主动移动进攻的运动员来说，高心率的持续时间增加，对运动员的体能要求也更高。

另外，由于回合数减少，单局比赛时间增加，运动员需要有意控制和调整体能分配，运动员在比赛开局阶段心率增加的幅度变缓。

新规则下国家拳击队小级别运动员（n=10）赛后 3 分钟安静状态下的血乳酸浓度为（12.2±1.2）毫摩尔/升。

综合来看，在拳击比赛或实战过程中，运动员的代谢特点是以无氧代谢供能为主，因此本书的研究结果也支持了“拳击运动是一项以无氧代谢供能为主的运动”这一理论。从运动员各个回合的心率监测结果我们可以看出，拳击比赛过程中运动员的心率是逐渐增高的，而且比赛中经过 1 分钟的休息以后运动员的心率也是逐渐增高的，这可以证明每个回合的强度逐渐增加，而且每个回合心率变化的幅度基本上是相同的。这就意味着比赛强度是波浪式增加的，运动员要在这种高强度下完成每个回合的对抗，需要具有很好的专项耐力素质。

（3）拳击比赛中运动员心率变化与专项耐力的关系

崔松等人指出，中国的拳击运动员不能像外国的拳击运动员一样自始至终以充沛的体力进行比赛，归根结底是体能问题。[①]王连方等人通过对历年来我国拳击比赛的分析，发现有一部分运动员技术比对手强、经验比对手丰富，但在后 2 个回合的比赛中由于体力不支而以失败告终。他们指出，一名拳击运动员专项耐力水平的高低，

① 崔松，刘旭东，刘庆华. 我国高水平拳击运动员专项素质训练现状及对策研究[J]. 解放军体育学院学报，2002（4）：35－37.

对该运动员能否取得比赛的最后胜利起着重要的作用。[①]

前 2 个回合运动员的平均心率没有明显的差异，但在第 2 回合中最大心率的变异明显超过第 1 回合，变异系数为 18.36% ，明显高于第 1 回合的 5%；在第 3 回合，运动员的心率显著升高；在第 4 回合达到最高。

本书的研究结果表明，很多运动员在第 2 回合中心率表现出很大的变化，变异系数明显高于其他 3 个回合。可见，比赛过程中，运动员经过第 1 回合的试探和了解，在第 2 回合中表现出更激烈的对抗，消耗更多的体能，这也就是该回合其心率变化较大的原因，而心率的大幅度变化说明这个回合中运动员的体力变化比较大。在比赛强度明显高于训练强度的情况下，运动员对这个回合的强度表现出不适应，这说明运动员的专项耐力水平还有待提高。这种在第 2 回合中比赛强度的增加或者自身专项耐力较差等导致的运动员对比赛强度的不适应，致使其在随后的比赛中很难及时地调整和恢复，因而在比赛的后半段表现出体力不支的情况。为此，教练员应该在施训过程中增加第 2 回合的专项强度和耐力训练，以提高运动员对比赛强度的适应能力。

2. 女子拳击运动员新旧规则下的代谢特征

女子拳击运动员在运动时脉搏和呼吸次数增加较多，血压上升幅度较小，恢复时间较长，这说明女子拳击运动员的运动量比男子拳击运动员小，要求标准也相对低。女子拳击运动员肌肉力量较男子拳击运动员小，长骨较细，受压能力较差，不适合进行最大力量训练，应突出中小负荷强度的速度力量。因此，对于女子拳击运动员，在力量训练中，教练员应使运动员在拥有无氧耐

---

① 王连方，华龙，陈金长. 业余拳击运动员专项耐力的特点及其训练方法[J]. 上海体育学院学报，1997（S1）：50－52.

力的前提下，提高最大力量，这样才能增加对手的恐惧心理，使对手害怕己方的重拳，不敢主动进攻。

（1）新旧规则下教学实战后女子拳击运动员的血乳酸浓度变化

新规则下女子拳击运动员测得的血乳酸浓度为（12.7±1.9）毫摩尔/升（表 2-3），说明拳击运动对运动员的无氧糖酵解供能能力要求非常高。为了使运动员的无氧糖酵解供能能力保持在一定水平或进一步提高，教练员必须在平时的训练中，充分重视保持并提高运动员无氧糖酵解供能能力的训练。无氧糖酵解供能能力直接影响运动员在比赛后段的技战术水平的发挥。在比赛的最后 1 个或 2 个回合，双方运动员处于力竭状态，此时无氧糖酵解供能是支持运动员完成动作的主要能量供给源，无氧糖酵解供能能力更强的运动员更容易掌握赛场上的主动权。

表 2-3 女子拳击运动员新旧规则下教学实战后血乳酸浓度一览表（$\bar{x}\pm s$）

组别	n	血乳酸浓度（毫摩尔/升）
新规则	23	12.7±1.9
旧规则	10	10.8±2.8*

注：*表示 $P<0.05$。

新规则下女子拳击运动员的血乳酸浓度为（12.7±1.9）毫摩尔/升，而旧规则下其血乳酸浓度为（10.8±2.8）毫摩尔/升（$P<0.05$），新规则下其血乳酸浓度显著高于旧规则下的血乳酸浓度。女子拳击运动属于间歇性运动，2 分钟 1 个回合，回合间休息 1 分钟。比赛由 3 回合变为 4 回合后，运动的时间有所增加，在这种多次重复运动、肌肉连续工作的情况下，血乳酸浓度会越来越高。当运动强度大于 90%最大摄氧量，持续运动时间超过 30 秒（一般在 1～2 分

钟)，中间休息时间为运动时间的 2～3 倍时，发展糖酵解供能能力的效果最好。因此对于拳击运动员来说，持续 2 分钟的高强度运动会使肌肉中产生大量的乳酸，在 1 分钟的休息中，肌肉中的乳酸大量扩散入血，血乳酸浓度升高，而血乳酸未被清除前又进行一次高强度运动，致使血乳酸逐渐积累，表现为血乳酸的浓度逐渐增加。

运动员在进行不同强度（30%～100%最大摄氧量）的运动时，血乳酸生成的机制不同，在进行中、低强度运动时，丙酮酸的生成速率低，丙酮酸脱氢酶系和穿梭系统酶代谢了大量底物，乳酸生成极少；进行大强度运动时，由于腺苷三磷酸需求和供应不匹配，糖分解的刺激剂（如腺苷二磷酸、腺苷一磷酸、磷脂酰肌醇）大量堆积，致使糖分解丙酮酸的产生速率大大超过了穿梭系统酶和丙酮酸脱氢酶系的处理能力，乳酸生成增多。拳击比赛对运动员的无氧要求很高，本书的研究中所测得的新规则下女子拳击运动员的血乳酸浓度为（12.7±1.9）毫摩尔/升，相较于旧规则下的（10.8±2.8）毫摩尔/升有所上升。这表明，新规则下运动员的运动强度要高于旧规则下的运动强度，对于运动员的无氧要求更高。这就要求教练员在制订训练方案时，适当增加耐乳酸训练，使运动员尽快地适应大强度运动的需要，这有利于其运动能力的提高，并为技战术的发挥提供必要的保障。

（2）不同级别的运动员在比赛或实战后血乳酸浓度的差异

新规则下大级别运动员血乳酸浓度为（13.5±2.0）毫摩尔/升，有高于小级别运动员的血乳酸浓度的趋势，后者为（12.0±1.6）毫摩尔/升，但没有统计学意义（$P>0.05$）（表 2–4）。

表 2-4　女子拳击运动员实战后血乳酸浓度一览表（$\bar{x} \pm s$）

组别	人数	新规则下的血乳酸浓度（毫摩尔/升）
全体运动员	23	12.7±1.9
小级别运动员	12	12.0±1.6
大级别运动员	11	13.5±2.0
与男子青年队队员实战	16	12.2±1.8
与韩国运动员实战	7	13.7±2.0

除此之外，关于男子优秀拳击运动员实战情况的研究发现，小级别运动员实战后的血乳酸浓度为（15.0±1.6）毫摩尔/升，而大级别运动员实战后的血乳酸浓度为（10.6±3.1）毫摩尔/升，这一差异的出现主要是由项目特点决定的。拳击项目是对抗性项目，是双方运动员真正交手击打的项目。由于大级别运动员体重大，出拳力量大，实战中很容易出现假打或只斗的技术现象，运动负荷的强度不够。运动员没有真正从实战的目的出发，因此没有收到最佳的训练效果。

根据相关人士对拳击运动特点的分析，小级别运动员的运动强度要高于大级别运动员，主要是因为小级别运动员体重较轻，出拳的频率和移动的速度与距离要超过大级别运动员，从而导致其比赛强度更大，表现为血乳酸浓度更高。但我们还应该看到，大级别运动员虽然在出拳频率和移动的速度与距离上不如小级别运动员，但是在出拳力量上要大于小级别运动员。本书的研究表明，女子拳击中，大级别运动员在实战后的血乳酸浓度要高于小级别运动员，其原因主要在于，作为研究对象的女子拳击运动员中大级别运动员的训练水平较高，在实战过程中做到了全力以赴，因此成绩也较好。

（3）不同对手对女子拳击运动员实战中血乳酸浓度的影响

血乳酸浓度还可能受运动员心理紧张程度、对手实力以及运动员对比赛或者实战的重视程度的影响。本书的研究表明，我国女子拳击运动员在与韩国运动员实战后的血乳酸浓度为（13.7±2.0）毫摩尔/升，与男子青年队队员实战后的血乳酸浓度为（12.2±1.8）毫摩尔/升（表 2-4）。这可以说明，作为研究对象的女子拳击运动员在实战及比赛时都比较认真；但两组数据也表明，我国女子拳击运动员在与韩国运动员实战后的血乳酸浓度高于与男子青年队队员实战后的血乳酸浓度，这也提示女子拳击运动员实战强度还有提升的空间。可以说，对手实力在很大程度上决定着实战的训练效果。

由于对手实力影响实战中运动员的血乳酸浓度，因此运动员在训练时对陪练运动员水平做出要求，对训练强度和难度做出要求，有利于提高专项体能。目前，女子拳击运动员的训练更多采用队内实战和与男子青年队队员进行实战的方式，这种实战毕竟与比赛有差异，应在平时训练中将这种差异减至最小。另外，影响实战效果的因素还有很多，例如，运动员对比赛地点、比赛场地和比赛时间的适应程度，是否了解对手水平，运动员自身心理因素所造成的自然消耗，等等。这就提示，队内的实战训练要真正结合比赛的需要，包括训练环境、训练时间、陪练运动员水平，以及训练强度等方面。因此，教练员在制订训练计划和方案时，要考虑到实战对手的水平，多安排与高水平运动员的教学实战和比赛，从而提高运动员对高强度比赛的适应能力及对不同运动员的应变能力。

第二节　拳击运动员体能训练及监控方法

拳击运动员的体能训练分为一般体能训练和专项体能训练。一般体能训练是指采用各种各样非专业的身体训练手段和方法，以改善运动员的身体形态，增进运动员的健康，提高运动员的各器官系统的功能，全面发展运动员的力量、速度、耐力、灵敏等素质，为提高拳击成绩打好基础的训练。专项体能训练主要是指采用直接提高专项运动素质的练习及与拳击项目有紧密联系的专门性体能练习，最大限度地发展与拳击成绩有直接关系的专项运动素质，以保证运动员掌握拳击技术和战术并在比赛中有效地运用，从而获得优异成绩的训练。

一般体能训练是专项体能训练的基础，一般体能训练为专项运动素质的提高创造必要的条件；专项体能训练是提高专项运动素质的特殊需要，并直接为运动员获得优异的比赛成绩服务。随着运动员专项水平的不断提高，一般体能训练所提供的基础及专项体能训练的要求也随之改变，以适应专项运动素质提高后的要求。一般体能训练和专项体能训练总的目标是一致的，在训练中往往难以截然分开，它们是相辅相成的。

在运动员多年的训练中，一般体能训练和专项体能训练在比例上并不是不变的。一般来说，在基础和初级阶段一般体能训练占重要位置，随着运动员年龄的增长和运动成绩的提高，专项体能训练的比例逐渐增加，在运动员进入高水平训练阶段后成为训练的核心。

（一）拳击运动员一般体能训练的方法

1. 力量素质训练

力量的表现形式有最大力量、快速力量、力量耐力等。运动员进行力量训练的目的就在于最大限度地挖掘其力量素质潜力。科学地来说，可以采用不同的训练方法达到发展不同力量的目的，以提高运动员肌纤维的收缩力、提高中枢神经系统的功能、使肌纤维产生适应性变化等。

（1）最大力量训练

发展最大力量的途径主要有两个：一是依靠肌肉内协调能力的改善，二是通过增大肌肉体积以提高肌纤维的收缩力。发展最大力量的具体方法依照训练学的力量训练理论，有以下 3 种。

重复训练法：负荷强度为 75%～90%，每项训练中完成的组数为 6～8 组，每组重复 3～6 次，组间间歇 3 分钟。

阶梯极限用力法：又称金字塔负荷体系，一次训练课中，从较低的负荷开始，逐渐加大负荷而减少训练次数，将负荷的强度加到 100%，即达到当天最高水平的要求。

静力训练法：通过大强度的静力性训练来发展最大力量，负荷强度为 90%以上，每次持续时间为 3～6 秒，练习 4 次，每次间歇 3～4 分钟。

（2）快速力量训练

快速力量是指肌肉在尽可能短的时间内发挥出尽可能大的力量的能力。发展快速力量的途径，不外乎是提高最大力量和缩短表现出最大力量所需的时间这 2 种。发展快速力量的综合性训练主要有 2 种。

减负荷训练：包括减小外界阻力，以及给予助力。

先加负荷后减负荷训练：先增加负荷，使之超出比赛负荷，当运动员基本适应后，再减负荷至正常水平，可有效地提高运动员完成动作的速度。

（3）力量耐力训练

发展力量耐力的途径主要包括以下几种。

高强度训练法：指以90%～100%的强度进行训练，每个强度的训练持续30～300秒，以带来肌肉方面的变化。一次高强度训练课的安排如下：以60%的强度热身，4分钟90%～95%的最大摄氧量训练，3分钟积极休息（以65%～70%的强度），4分钟90%～95%的最大摄氧量训练，3分钟积极休息（以65%～70%的强度），4分钟90%～95%的最大摄氧量训练，3分钟积极休息（以65%～70%的强度），放松。高强度训练法可以提高骨骼肌的适应，同时可以提高中心机能的适应，包括心肌的适应。

持续训练法：指不间断的持续时间较长的强度较低的训练，主要用于锻炼运动员的心肺功能和提高运动员的有氧代谢能力。

间歇训练法：指严格规定每次训练的时间间隔、强度及各组训练之间的间歇时间的训练。它对锻炼运动员的心肺功能及提高抗疲劳能力有较好的效果。

由表2-5我们可以看出，不同的训练方法对运动员最大肌力和爆发力的提高都有一定的作用，电刺激训练法对运动员的爆发力有明显的提高作用，肌肉体积和力量增加训练法能够较大程度地提高运动员的爆发力，混合训练法对运动员最大肌力和爆发力的提高效果都没有其他3种方法显著。这就提示教练员在指导运动训练时，针对个体发展不同力量素质采用不同的训练方法。电刺激训练法和混合训练法在一定程度上能够提高运动员的快速力量，而最大力量训练法、肌肉体积和力量增加训练法对快速力量变化则没有影响，教练员在实施科学训练时可以考虑使用电刺激训练法和混合训练法，以提高运动员的快速力量。

表 2－5 不同训练方法对运动员最大肌力、爆发力和速度的影响

训练方法	最大力量训练法	肌肉体积和力量增加训练法	电刺激训练法	混合训练法
最大肌力	提高 10%	提高 16%	提高 9%	提高 7%
爆发力	提高 16%	提高 18%	提高 30%	提高 12%
快速力量	不变	不变	有提高	有提高

2. 速度素质训练

速度素质是指运动员进行快速运动的能力或以最短时间完成动作的能力。拳击运动员的速度素质包括反应速度、动作速度、位移速度 3 种。

（1）反应速度训练

反应速度的影响因素包括运动员肌肉的收缩速度、技术的熟练性、预判能力和注意力。教练员在训练运动员的反应速度时可以采用以下 3 种方法。

任意靶位训练法：教练员持手靶，不断变换靶的方位及高度，或突然亮靶，训练运动员快速做出反应。

摸肩训练法：陪练员用手触摸运动员肩部，运动员迅速进行防守或反击。

号令训练法：由陪练员或同伴发出信号，运动员进行快速反应，例如，运动员背对陪练员，听到信号后迅速跳起转身进行冲刺跑。

（2）动作速度训练

动作速度受中枢神经系统的兴奋性、肌肉的协调性、肌肉的力量、速度训练技术的正确性、运动员的意志力等因素的影响。发展运动员动作速度的方法包括以下几种。

击打训练法：在规定时间内，运动员快速击打沙包或手靶，完成动作次数越多，效果越好，但要保证完成动作。

组合动作训练法：运动员按教练员提前规定好的动作进行组合训练，熟练后提高单个动作速度和动作变换速度。

负重或抗阻训练法：运动员带上负重护腕或在腕部系皮筋（护腕或皮筋的另一端固定），快速完成出拳动作，反复练习后再进行空拳训练会提高动作速度。

声音感应训练法：运动员通过陪练员给出的击拳信号做出与陪练员所给信号节奏相同的动作。

（3）位移速度训练

信号位移训练法：运动员训练时应明确信号所代表的方向。

转身加速跑训练法：运动员做原地高抬腿动作之后进行高抬腿转身，并立即向前做出加速跑动作，也可根据信号进行加速。

跳绳训练法：运动员在规定时间内快速完成一定数量的跳绳，并在原地跳绳的基础上增加难度，可做前进、后退、左右移动等动作。规定时间内完成的数量越多训练效果越好，但要注意保证动作的质量。

3. 耐力素质训练

拳击比赛竞争激烈，对抗性强，运动员打完一场 3 回合的比赛，必须有良好的体力作为支撑，因此，良好的耐力素质对运动员取得比赛的胜利起着重要的作用。

耐力素质的训练方法有很多种，主要包括持续训练法、重复训练法（完全休息后再进行下一次负荷训练）、比赛训练法（以最大强度训练）、间歇训练法等。由于拳击比赛每个回合时间为 3 分钟，回合间休息 1 分钟，为使训练的方法与比赛的形式相符，教练员在实施训练时最好采用间歇训练法。间歇训练法包括以下 2 种。

（1）紧凑的间歇训练

以 60%～95%的强度进行训练，中间不完全休息（表 2–6）。

表 2–6　紧凑的间歇训练

时间	强度
5 分钟	60%～70%个体无氧阈强度
5 分钟	85%～95%个体无氧阈强度
5 分钟	60%～70%个体无氧阈强度
5 分钟	85%～95%个体无氧阈强度

（2）宽松的间歇训练

以 70%～100%的强度进行训练，中间的休息时间较长（表 2–7、表 2–8）。

表 2–7　宽松的间歇训练

时间	强度
5 分钟	70%～75%个体无氧阈强度
5 分钟	90%～100%个体无氧阈强度
5 分钟	70%～75%个体无氧阈强度
5 分钟	90%～100%个体无氧阈强度

表 2–8　间歇 30 秒的 10 分钟高强度训练（3 分钟 3 回合间歇 30 秒）

时间	强度
1 分钟	70%～80%个体无氧阈强度
30 秒	90%～110%个体无氧阈强度
1 分钟	70%～80%个体无氧阈强度
30 秒	90%～110%个体无氧阈强度

研究发现，表 2–6 结合表 2–8 的训练方法或表 2–7 结合表 2–8 的训练方法效果较显著。由此可见，拳击项目的耐力特点是以无氧耐力为主，间歇训练法是提高拳击运动员专项耐力水平的较理想的方法。

4. 灵敏素质训练

拳击项目有一个明显的特点，即运动员移动快，出手猛，闪躲灵，动作变化快，所以对身体的灵敏性要求很高。可以说，运动员的灵敏素质建立在对拳击技术掌握的基础之上，表现为及时掌握攻击的时机，并迅速产生相应的防守行为。

灵敏素质包括一般灵敏素质和专项灵敏素质。一般灵敏素质的训练方式包括各种跑，如绕障碍跑、追拍跑等，跳绳中的单摇跳、屈伸跳、花样跳、蹲跳、绕环跳等。在专项灵敏素质训练中运动员可以有针对性地重复做快速的内外躲、向左右摇避、下潜、后仰弹回等动作。此外，各种视觉信号或听觉信号也可以被用于专门的灵敏素质训练。

运动员灵敏素质训练不足容易出现受伤情况、掌握新动作的效率下降、做动作过程中体力消耗大和技术动作质量下降等。

（二）拳击运动员专项体能训练和监控方法

1. 训练内容的安排

根据拳击比赛的体能需求特点，教练员应有针对性地制订一些递增负荷的训练方案，负荷强度基本上超过比赛强度。例如，国家拳击队的专项训练手段除了实战以外还包括基础体能训练和专项沙袋、手靶及移动技术的训练。

2. 训练结构的安排

根据拳击比赛的回合特点，回合间休息 1 分钟的要求，以及机体要在高强度、高对抗的状态下突然静止休息的特点，建议教练员多采用间歇训练法进行相应的专项体能和技术训练，从而使运动员适应比赛的节奏。

根据拳击比赛中运动员的代谢特点，拳击项目属于以无氧代谢供能为主的项目，要求运动员具备一定的无氧耐乳酸能力。结合运动员这样的代谢特点，教练员应根据专项技术动作的需要来做出专项内容训练的安排。

每项训练内容的时间安排应紧紧围绕比赛的需要，以每回合 3 分钟作为最长时间，并进行相应的分解，多以 2 分钟、1 分 30 秒、1 分钟、30 秒、20 秒、15 秒、10 秒和 6 秒来作为单次的训练时间；训练组数也要围绕 3 分钟、3 回合和 11 分钟来安排，最大限度适应比赛的需要。

3. 训练手段的安排

本书的研究针对以下训练手段，有目的地监控了其中一些训练手段的强度，以此来评价训练手段和训练效果。监控可以通过完成动作的次数、训练后即刻的心率、恢复心率及血乳酸浓度等指标来完成。

（1）强度手靶训练

这一训练手段的目的是强化专项耐力，对于拳击运动员的专项耐力有很好的训练效果，也是一种很好的锻炼心肺功能的方法。从心率监测结果我们可以看出这项训练的强度明显高于实战强度。但由于其容易破坏动力定型而且脚下移动较少，所以这项训练不适宜经常采用。训练可以采用 3 分钟、2 分钟、1 分钟和 30 秒的时间结构，教练员应根据运动员的专项耐力特点灵活应用，以激发运动员的专项耐力潜能。

（2）距离递减、强度递增跑训练

采用 800—600—500—400—300—200—100 米距离递减、强度递增的强度跑，这一训练手段的时间结构接近实战，强度高于实战，是一项很好的提高运动员无氧耐乳酸能力的手段。运动员 400 米跑后即刻血乳酸浓度和 100 米跑后即刻血乳酸浓度均超过 16 毫摩尔/升，满足拳击项目对运动员无氧耐乳酸能力的要求。

（3）素质循环训练

训练内容包括仰卧起坐、立卧撑、背肌训练、移动摸地、空击、纵跳（可以调整每项内容的训练时间，并采用循序渐进的方式），是锻炼运动员快速能力的一种手段，同时也可以提高运动员的无氧耐力水平。但目前很多运动员不能完全按照要求和标准完成素质循环训练，所以训练效果差异很大。

（4）800 次双摇跳绳训练

能一次性完成该项训练的运动员不多，而且完成时间差距很大，在以后的训练中需要加强。

（5）12 分钟运动试验

这是一种与比赛时间结构相似的有氧能力测试方法。

4. 训练效果的评价

（1）国家拳击队重点运动员实战心率监控与训练的关系

心率不仅可以作为教练员分析运动员竞技状态的一个辅助指标，而且教练员可以针对运动员的心率特点来进行战术安排，也可为平时训练量和训练强度的控制提供科学的依据。本书的研究对国家拳击队重点运动员每周实战心率的线性变化进行了跟踪记录，以观察每个运动员的实战心率变化规律（图 2–3）。

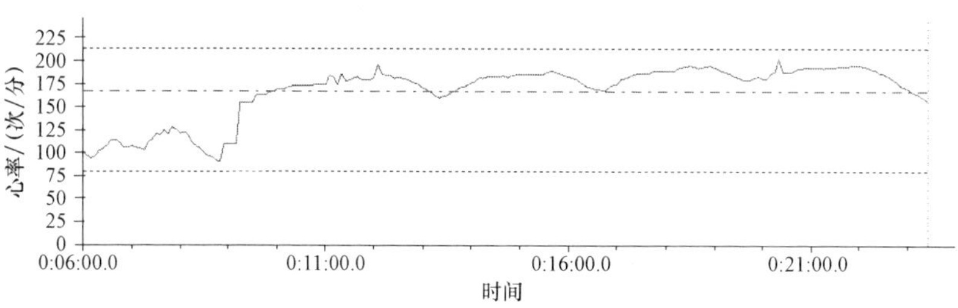

图 2–3　国家拳击队重点运动员实战心率的变化曲线

由于拳击比赛的强度大，所以运动员的无氧代谢能力就显得异常重要。提高运动员的无氧代谢能力，无疑是提高其专项耐力水平的有效手段。教练员在训练中安排最大强度的适应性训练，有利于提高运动员对比赛的适应能力，保证其专项耐力水平。由于拳击运动员在训练中易受伤，所以不宜在日常训练中过多采用对练实战。根据训练负荷应该达到或超过比赛负荷的原则，如何让运动员通过训练提高专项耐力水平，使运动员的生理负荷达到或超过比赛强度是教练员在施训过程中亟待解决的问题。

（2）训练质量的监督与评价

监控心率有助于教练员了解训练方法的效果，掌握运动员的训练强度和完成质量，同时还可以掌握运动员在完成同一训练内容时的个体差异，这为今后教练员对运动员实施针对性训练提供了依据。针对个人项目使用团队心率监控可以更好地体现出同一强度对抗过程中每个人的特点。

如图 2-4 所示，完成同一训练内容时，不同运动员在初始阶段的心率存在差异，心率较低的运动员表现出慢热的特点。

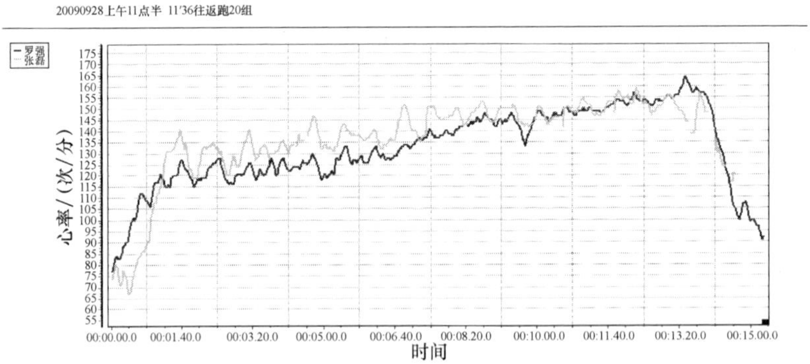

图 2-4　不同运动员在同一训练中的心率对比

根据拳击运动员在间歇训练中心率呈波浪式递增的特点，教练员可以通过心率的监控来了解运动员完成训练的特点和完成的质量，也可以通过心率曲线变化来判断训练计划的合理性。

此外，当对女子拳击运动员采用男子拳击运动员的训练计划时，女子拳击运动员在间歇训练后期出现心率居高不下，最高心率非波浪式上升，经过休息后恢复很慢的情况，这提示教练员需要有针对性地对训练手段进行调整。

第三节　适应新规则的合理体能安排和保障

一、比赛过程中的体能分配战术

（一）结合规则改变的训练安排

规则的改变对体能、心理、临场指挥和技战术安排带来的影响已经逐渐被认识和掌握，教练员在训练过程中必须对在旧规则的惯性思维下的训练安排进行调整。

新规则要求教练员更加重视运动员的体能训练，无论是男子比赛每回合比赛时间增加了 1 分钟，还是女子比赛增加 1 个回合，都要求运动员在训练过程中针对规则的改变全面提高体能。运动员只有提高相应的体能，才能保证技战术水平的发挥。同时教练员在体能训练方面还要更加注重运动员训练强度的增加和耐力水平的提高，以满足新规则的需要。

此外，男子项目的实际比赛时间虽然只是增加了 1 分钟（女子项目增加 2 分钟），但是对运动员，尤其是对体能稍差、比赛经验不足的运动员的要求高出了很多。因此，教练员有必要根据新规则来加强对运动员心理素质的培养，提高他们临场掌控比赛的能力。

（二）结合规则改变的比赛安排

新规则下，拳击比赛对抗性明显增强，节奏更紧凑，对技战术的连贯性要求更高。回合间休息时间的减少，导致运动员体能恢复及接受教练员即时指导的时间减少，这必然增加了比赛局势的不确定性。对于比赛过程中的体能分配，教练员必须根据运动员的体能情况和技战术打法来制定策略。

针对拼打型、体力充沛的运动员，教练员要求他们在比赛开局阶段迅速进入状态，通过紧凑的反复攻防转换来给对手制造麻烦，尤其是在 2 分钟以后的阶段要增加身体接触和提高出拳的频率，通过高强度的对抗消耗对手体能。

针对防守反击能力稍差的运动员，教练员要求他们在比赛开局和中局尽量通过脚下移动控制距离，并通过技术寻找反击得点的机会，在对手攻势较猛的时候以摆脱的形式破坏距离；运动员在终局阶段根据体能情况可采用近身破坏距离加抱头摇闪防守的方式来节省体能。

针对体能较差的运动员，教练员在临场指挥上更要注重体能的分配，与此同时，运动员要注重对相应技术的全面应用，尤其要在开局和终局阶段掌握好主动权，提高出拳的准确性和组合拳的效率。

二、适宜的体重控制

（一）体重减控的现状

随着运动员竞技水平的不断提高，选手之间竞技能力的差距越来越小，竞争日趋激烈。拳击运动员除平时控制体重外，在赛前也会根据实际需要来减控体重，通常采用的办法是减轻一定量的体重以参加较低体重级别的比赛，这有利于提高比赛成绩。早在 2003

年，杨世勇的研究就表明，历届奥运会举重比赛中有 15 名金牌获得者的成绩与银牌获得者相同，最后因体重较轻而胜出，由此可见减控体重的重要性。[①]但是，赛前减控体重与保持良好的体能永远是一对矛盾，也是竞技体育训练中的一个难题。目前国内外相关人士都在探讨如何使运动员在赛前的训练中既达到理想的体重，又使减控体重给运动员训练量和训练强度的保持及比赛中的最佳发挥所带来的影响最大限度地减小。

目前，有关减体重的方法众说纷纭，但大体上减体重可归纳为两大类，即快速减体重和慢速减体重。大部分运动员在赛前 4～6 周通过控制饮食和增加运动相结合的办法来减体重，而在整个减体重过程中以减掉多余的脂肪为主要目的。但目前重竞技运动员在赛前实际减体重过程中存在着许多误区，多数教练员和运动员对于运动员最多能减轻多少体重并不清楚，他们选择体重级别时，只是根据某些资料，以体脂 5%为减重的低限；也有不少教练员和运动员采用高强度、大运动量的专项训练来减体重，虽然进行高强度、大运动量的专项训练能够达到减体重的目的，但这种减体重是通过糖分、脂肪和蛋白质的共同消耗及大量失水来实现的，运动员容易过度疲劳，且减脂效果并不好；如果开始阶段减体重效果不佳，有的运动员可能在赛前减控体重过程中过度禁食，即在比赛前几天利用禁食的方法来快速减重。然而，禁食会使新陈代谢率降低，运动员运动无力，进一步减慢减重速度，更为不利的是禁食会使蛋白质和脂肪一起丢失；有的运动员则通过长时间控水或短时间大量脱水来减体重，但运动员在赛前减控体重过程中不能过分限制水的摄入，

① 杨世勇. 优秀举重运动员减体重战术的研究[J]. 成都体育学院学报，2003，29（4）：66－69.

因为脱水会使处于工作中的骨骼肌水分减少，这时肌肉的收缩力和收缩速度会下降8%～10%，营养物质交换缓慢、代谢废物排出减少、工作效率下降，从而影响运动员的训练效果和比赛成绩。在训练中汗液丢失会造成体重减轻，但在补充液体后体重就会马上会恢复，与此同时，脱水程度越高，水电解质恢复平衡所需的时间也越长，运动员企图在称重后通过大量补水在短时间内来纠正中、重度脱水是不可能的。另外，市场上销售的减肥产品虽然宣称有减肥功效，但其中可能含有国际奥委会禁用的兴奋剂成分，所以运动员不宜服用。目前，研究表明左旋肉碱能够促进脂肪氧化分解，可以帮助运动员减体重。

另外，陈勇等人的研究表明，采用针刺的方法可以起到减体重的效果。针刺使运动员在减体重的同时，还可保持较高的竞技水平。针刺足三里等穴位能提高人体的免疫力以及应激能力，针刺还可以调理人体的脏腑器官，使人体的阴阳达到一个新的平衡并得以维持，而且无任何毒副作用。①

总的来说，无论什么样的赛前减控体重方法都会对运动员的机体产生一定的影响。根据学者的研究，快速减体重会造成一系列的问题，主要表现为脱水、心脏血管系统负荷增加、肾负荷增加、蛋白质与无机盐丢失、体温调节受损、肌肉和肌糖原储备耗损及运动能力下降等。②③④所以，目前学者对减控体重方案的探索研究已经

---

① 陈勇，李湘，何莹. 针刺疗法为主控制柔道运动员体重的研究[J]. 河北中医药学报，2005，20（3）：29－30.

② 翁庆章. 过度训练：当前的认识[J]. 中国体育科技，2001，37：11－16.

③ 冯连世，黄徐根，赵鹏，等. 运动员减体重研究现状[J]. 体育科学，2005(9)：59－68.

④ 高红，杨则宜，王启荣，等. 中国优秀运动员身体成分的初步研究[J]. 中国运动医学杂志，2003，22（4）：362－367.

逐渐突破了以往的为减控体重而减控体重的方法。学者已经把注意力从单纯的减控体重转移到减控体重与运动员的各生理生化指标监测和运动员的合理膳食及营养物质的补充相结合上面，从而真正地实现运动员在减控体重的同时，运动能力也得以保持，不影响比赛时的发挥。近年来，有些学者已经在运动员减控体重方案的探索中取得了一些成绩。他们的经验主要是把运动员个性化及把对运动员的生理生化指标的监测、运动营养都一起归到减控体重的方案之中，根据运动员的参赛级别及测定的基础体脂率、体脂成分，调查运动员的饮食习惯，并了解其赛前训练强度和训练计划，从而确定运动员的个性化减控体重方案。

以国家拳击队运动员为例，表 2－9 为国家拳击队主力运动员和陪练运动员的身体成分一览表，表 2－10 为国家拳击队优秀运动员赛前 10 天的身体成分明细表，通过对他们的体重（公斤）、去脂体重（公斤）、肌肉重量（公斤）、水分总量（公斤）、细胞内液（公斤）、细胞外液（公斤）、蛋白质（公斤）、体重指数［体重（kg）÷身高（m）^{2}］等生理指标的跟踪测定，教练员可以详细、清楚地了解运动员的身体成分情况，监控运动员的机能状态和运动能力，以便及时调整减重方案及训练负荷。

表 2－9　国家拳击队主力运动员和陪练运动员身体成分一览表（$\bar{x}\pm s$）

身体成分	主力运动员（n=5）	陪练运动员（n=5）
体重/公斤	74.24±25.69	55.43±2.69
去脂体重/公斤	61.66±25.69	48.8±2.31
肌肉重量/公斤	61.13±16.32	41.75±1.60
水分总量/公斤	41.94±12.69	32.45±1.26
细胞内液/公斤	29.25±9.17	21.6±0.81

续表

身体成分	主力运动员（$n=5$）	陪练运动员（$n=5$）
细胞外液/公斤	14.65±4.58	10.8±0.41
脂肪量/公斤	12.58±7.12	8.05±1.61
蛋白质/公斤	12.04±3.62	7.8±3.08
无机质/公斤	4.16±1.25	3.08±0.29
其他/公斤	3.58±1.07	2.75±0.10
肥值	过瘦	稍轻
体重指数	22.55±4.55	19.53±0.60

表 2－10　国家拳击队优秀运动员赛前 10 天身体成分明细表

运动员	邹市明	胡青	张小平	张志磊
参赛级别	48 公斤级	60 公斤级	81 公斤级	91 公斤以上级
体重/公斤	50.8	64.2	84	114.5
去脂体重/公斤	44.6（88%）	53.2（83%）	70.0（83%）	90.4（79%）
肌肉重量/公斤	39.0（77%）	46.6（73%）	61.3（73%）	79.1（69%）
水分总量/公斤	30.3（60%）	36.2（56%）	47.6（57%）	61.5（54%）
细胞内液/公斤	20.2（40%）	24.4（38%）	31.7（38%）	41.0（36%）
细胞外液/公斤	10.1（20%）	11.8（18%）	15.9（19%）	20.5（18%）
脂肪量/公斤	6.2（12%）	11.0（17%）	14.0（17%）	24.1（21%）
蛋白质/公斤	8.7（17%）	10.4（16%）	13.7（16%）	17.6（15%）
无机质/公斤	3.0（6%）	3.6（6%）	4.7（6%）	6.1（5%）
其他/公斤	2.6（5%）	3.1（5%）	4.1（5%）	5.2（5%）
肥值	过瘦	稍轻	正常	肥胖
体重指数	18.9	19.2	23.5	28.6

教练员对这些指标进行监控，不仅有助于及时调整运动员的减重

计划，而且可以通过分析减控体重过程中的规律，总结经验，为以后减控体重计划的制订提供依据。表 2–10 为整个身体成分监控过程中不同级别优秀运动员的身体成分，显示了各运动员的身体成分特征及其差异，以便教练员更有针对性地为每个运动员制订适宜的训练和减控体重计划，同时也便于教练员从整体上把握各运动员的身体成分特征，使其获得更好的减控体重效果。

综上所述，赛前减控体重方案除了按照某个标准统一制订外，教练员还应该根据各个运动员的身体成分特点、训练和饮食习惯，以及身体成分的变化情况具体分析，使赛前减控体重计划随着运动员身体情况的变化而变化，这样更有针对性，同时也使减控体重对运动员造成的伤害降到最低，尽可能延长运动员参加竞技比赛的运动寿命，使其在比赛中达到最好的竞技状态，取得理想的比赛成绩。

（二）赛前体重变化特征

拳击项目是一种运动员按级别参赛的对抗性项目，对运动员体重的要求十分严格而且对体能要求也很高。男子拳击比赛共设置了 10 个体重级别，运动员在比赛日前一天和比赛日当天都要称重，体重不达标者会被取消比赛资格。此外，拳击比赛的赛程长，运动员想取得好的成绩就必须在将体重控制好的同时保证充沛的体能。在赛前运动员根据实际情况和自身特点制订减控体重的计划，以保证减控体重后仍具有良好的体能和竞技状态。

目前，减体重的方法有快速减体重和慢速减体重。快速减体重通常指通过急剧的能量摄入限制、脱水或能量摄入限制结合脱水等方法，在较短的时间内主要通过减少去脂体重（主要是水）含量减轻体重的过程，一般速度较快，周期较短；快速减体重的运动员每周减体重幅度大于其自身体重的 4%或短期内每天减体重幅度大于其自身体重的 1%。慢速减体重通常指依据负热能平衡原理，采取限制能量摄入、增加能量消耗或同时限制能量摄入和增加能量消耗的方法（如限制饮食、增加运动或限制饮食结合增加运动），在较长的一段时间内主要通过减少体内脂肪含量来减轻体重，进程一般较缓慢，周期较长；慢速减体重的运动员每周减体重幅度大于其自身体重的 2%且小于 4%。[①]脂肪组织虽有供能、保温、缓冲等作用，但体内多余的脂肪被认为是一种“死”体重，会影响人的力量、速度和耐力的发展，增加运动中的耗氧量和能量的消耗，所以，运动员在赛前减体重以减少体内脂肪含量为主要目的。

拳击运动员的去脂体重与运动成绩密切相关，运动员通过增加去脂体重的比例来提高其运动能力。近年来随着科学训练的理念被教练员和运动员所接受，快速减体重的做法已有所减少。运动员在赛前第 4 周甚至更早就开始减控体重，以达到减体重的目的并充分保证体能，以使竞技水平在比赛时得到最佳发挥。在减控体重的过程中，运动员可以根据身体成分的变化分析出减掉的成分。本书的研究通过对参加第十一届全国运动会决赛的 7 名优秀男子拳击运动员在赛前减控体重过程中的身体成分进行分析，研究其赛前身体成分变化特征（表 2–11）。

表 2–11　7 名优秀男子拳击运动员赛前体重及身体成分一览表（$\bar{x} \pm s$）

项目	体重/公斤	体脂率/百分比	脂肪量/公斤	水分总量/公斤	细胞内液/公斤	细胞外液/公斤
测试 1	72.94±14.65*	18.59±4.65	14.09±6.35	42.37±6.27*	28.23±4.21*	14.14±2.08
测试 2	72.56±14.31*	18.37±4.71	13.87±6.09	42.27±6.14*	28.20±4.14*	14.07±2.01
测试 3	72.76±14.29*	19.49±4.58	14.70±6.16*	41.79±5.99*	27.81±4.12*	13.97±1.88

① 高红，杨则宜，王启荣，等. 中国优秀运动员身体成分的初步研究[J]. 中国运动医学杂志，2003，22（4）：362–367.

续表

项目	体重/公斤	体脂率/百分比	脂肪量/公斤	水分总量/公斤	细胞内液/公斤	细胞外液/公斤
测试 4	71.99±14.69*	18.97±5.09	14.29±6.68*	41.57±5.97*	27.57±4.02*※	14.00±1.96
测试 5	69.64±14.87	17.79±5.02	13.00±6.17	40.79±6.39	27.21±4.23	13.57±2.18

注：测试 1 为赛前第 4 周的测试结果，以此类推，测试 5 为赛前测试结果。各组数据与赛前（测试 5）相比较 $^{*}P<0.05$；各组数据与其前一组数据相比※$P<0.05$。

从表 2－11 中我们可以看出，7 名运动员赛前第 4 周平均体重（72.94±14.65）公斤，赛前平均体重为（69.64±14.87）公斤，在赛前 4 周的减体重过程中平均减重（3.31±1.27）公斤，体重基本接近或达到参赛体重；赛前平均体脂率为（17.79±5.02）%，根据国内外资料，正常成年男性和成年女性的平均体脂率分别是 14%～16%和 20%～22%。由于目前关于我国优秀男子拳击运动员身体成分的研究较少，没有拳击运动员的平均体脂率数据，而柔道和拳击属于同项群项目，其在体能各方面的要求与拳击项目具有一定的相似性，所以我们在此参考柔道运动员的体脂率对拳击运动员的体脂率进行评价。高红等人通过对中国优秀运动员身体成分的研究发现男子柔道运动员平均体脂率为（14.36±5.33）%（85 公斤以上）和（11.04%±2.50）%（65～85 公斤）。①单从体脂率这一指标来看，本书研究对象的体脂率明显高于其同项群项目同水平运动员的体脂率。7 名运动员赛前身体内平均水分总量为（40.79±6.39）公斤，占其体重的百分比为（59.20±3.65）%，赛前第 4 周身体内平均水分总量为（42.37±6.27）公斤，占其体重的百分比为（58.6±3.34）%，

① 高红，杨则宜，王启荣，等. 中国优秀运动员身体成分的初步研究[J]. 中国运动医学杂志，2003，22（4）：362－367.

正常成年人身体内水分总量占体重的55%～60%，这说明赛前和赛前第4周本书研究对象这一指标都在正常范围内。7名运动员赛前细胞内液为（27.21±4.23）公斤，占其体重的百分比为（39.51±2.52）%，赛前第4周细胞内液为（28.23±4.21）公斤，占其体重的百分比为（39.35±2.19）%，正常成年人细胞内液占体重的35%～40%，这说明赛前和赛前第4周本书研究对象的细胞内液指标都在正常范围之内。7名运动员赛前细胞外液为（13.57±2.18）公斤，占其体重的百分比为（19.69±1.24）%，赛前第4周细胞外液为（14.14±2.08）公斤，占其体重的百分比为（19.58±1.26）%，正常成年人细胞外液占体重的20%～25%，这说明赛前和赛前第4周本书研究对象的细胞外液含量略低于正常人。

这些运动员在赛前4周的体重减控过程中平均减重（3.31±1.27）公斤，身体脂肪量平均减少（0.94±1.32）公斤，身体水分总量平均减少（1.59±1.21）公斤，细胞内液平均减少（1.01±0.55）公斤。运动员身体成分各项指标含量均有减少，身体水分总量、细胞内液明显减少且具有统计学差异，其身体脂肪量并没有明显减少，体脂率偏高，主要原因可能是运动员的身体成分中脂肪含量偏高，赛前的训练安排不利于减去多余的脂肪。但是体重必须在规定的时间内达到或接近参赛体重，运动员只有通过训练、蒸桑拿出汗、减少饮水来实现体重减轻，这样会出现体重逐渐减轻，体脂率变化不大，体液丢失严重的现象。

（三）不同级别运动员赛前减控体重案例分析

1. 小级别运动员赛前减控体重案例分析

小级别运动员在比赛中多具备出拳速度快、移动灵活、身体接触不多等特点，身体成分表现为身体脂肪含量偏少的特点。

从表2–12和表2–13中我们可以看出，韩某和孙某都是轻量级运动员。韩某赛前体重为 50.7 公斤，达到参赛标准，赛前 4 周内体重减轻 4.1 公斤，脂肪量减少 2.1 公斤，其占所减轻体重的 51.22%，说明韩某在减体重时以减少体内脂肪为主，赛前 4 周内体重、身体脂肪量总体缓慢下降，赛前第 2 周到第 1 周下降明显，但没有出现快速减体重现象。孙某赛前体重为 53.0 公斤，达到参赛标准，赛前 4 周内体重减轻 4.2 公斤，脂肪量减少 1.5 公斤，其占所减轻体重的 35.71%，身体内水分总量减少 1.9 公斤，占所减轻体重的 45.24%，说明孙某在减体重时以减少体内水分为主。

韩某在减重过程中身体脂肪量和水分总量总体来说呈现同步下降的趋势，且没有出现急速脱水减体重的现象，这有利于运动员逐渐适应减重所带来的变化并能够很好地保持体能和前期的训练效果。孙某赛前 4 周体重、身体脂肪量呈波浪式下降，而且在赛前 1 周内所减轻体重明显大于自身体重的 4%，这说明其在赛前 1 周的减重为快速减体重。但从其赛前 4 周的身体成分来看，其赛前第 4 周的体脂率已处于较低水平，而其赛前第 4 周体重超出参赛体重 4.2 公斤，所以其在减体重过程中才会以减少体内水分为主，细胞内、外液同时减少，而且赛前 1 周细胞内液丢失明显。这种赛前急性脱水减体重的方式不利于运动员竞技水平的保持。通过上述分析我们可以看出韩某赛前减体重备战阶段身体成分变化较孙某更加合理，减体重情况更加理想，更容易发挥其最佳竞技水平。

表 2－12　辽宁拳击队优秀小级别运动员韩某赛前体重及身体成分一览表

项目	体重/公斤	体脂率/百分比	脂肪量/公斤	水分总量/公斤	细胞内液/公斤	细胞外液/公斤	内脏脂肪面积/平方厘米
测试 1	54.8	16.1	8.8	33.1	22.0	11.1	54.0
测试 2	54.7	15.7	8.6	33.2	22.3	10.9	52.0
测试 3	54.2	16.1	8.7	32.8	21.7	11.1	54.0

续表

项目	体重/公斤	体脂率/百分比	脂肪量/公斤	水分总量/公斤	细胞内液/公斤	细胞外液/公斤	内脏脂肪面积/平方厘米
测试 4	52.2	14.0	7.3	32.3	21.4	10.9	46.0
测试 5	50.7	13.2	6.7	31.7	21.0	10.7	42.0

注：①姓名：韩某；年龄：20；身高：163 厘米；级别：51 公斤级；运动等级：一级。

②测试 1 为赛前第 4 周测试结果，以此类推，测试 5 为赛前测试结果。

表 2－13　辽宁拳击队优秀小级别运动员孙某赛前体重及身体成分一览表

项目	体重/公斤	体脂率/百分比	脂肪量/公斤	水分总量/公斤	细胞内液/公斤	细胞外液/公斤	内脏脂肪面积/平方厘米
测试 1	57.2	12.6	7.2	36.0	24.1	11.9	40.0
测试 2	56.9	10.9	6.2	36.5	24.1	12.4	33.0
测试 3	57.7	13.0	7.5	36.1	24.0	12.1	41.0
测试 4	57.8	13.8	8.0	35.9	24.0	11.9	44.0
测试 5	53.0	10.8	5.7	34.1	23.1	11.0	33.0

注：①姓名：孙某；年龄：22；身高：173 厘米；级别：54 公斤级；运动等级：一级。

②测试 1 为赛前第 4 周测试结果，以此类推，测试 5 为赛前测试结果。

我们分析国家拳击队优秀运动员赛前减体重情况，发现国家拳击队优秀运动员的平均体脂率为 10%～12%，身体水分总量占体重的百分比为 60%左右，体重指数为 18.1～18.5，蛋白质含量为 17%～18%。分析优秀小级别拳击运动员邹市明和胡青的赛前减体重情况，我们发现其身体成分也大致如此（表 2－14）。

表 2－14　邹市明和胡青在 2007 年泰王杯赛前和亚锦赛前身体成分变化表

运动员	邹市明（48 公斤级）				胡青（60 公斤级）			
测试阶段	泰干杯赛前		亚锦赛前		泰王杯赛前		亚锦赛前	
测试日期	3 月 20 日	3 月 31 日	5 月 6 日	5 月 29 日	3 月 20 日	3 月 31 日	5 月 6 日	5 月 29 日
体重/公斤	50.8	49.3	49.3	48.7	64.2	61.9	63.8	61.6
去脂体重/公斤	44.6 (88%)	43.8 (89%)	43.8 (89%)	43.3 (89%)	53.2 (83%)	56.1 (91%)	55.2 (87%)	54.4 (88%)
肌肉量/公斤	39.0	38.3	39.2	37.8	46.6	49.0	48.3	47.6
水分总量/公斤	30.3 (60%)	29.8 (60%)	30.5 (62%)	29.4 (60%)	36.2 (56%)	38.1 (62%)	37.5 (59%)	37.0 (60%)
细胞内液/公斤	20.2 (40%)	19.9 (40%)	20.3 (41%)	19.6 (40%)	24.0 (37%)	25.4 (41%)	25.0 (39%)	24.7 (40%)
细胞外液/公斤	10.1 (20%)	9.9 (20%)	10.2 (21%)	9.8 (20%)	12.2 (19%)	12.7 (21%)	12.5 (20%)	12.3 (20%)
脂肪量/公斤	6.2 (12%)	5.5 (11%)	4.5 (9%)	5.4 (11%)	11.0 (17%)	5.8 (9%)	8.6 (13%)	7.2 (12%)
蛋白质/公斤	8.7 (17%)	8.5 (17%)	8.7 (18%)	8.4 (17%)	10.4 (16%)	10.9 (18%)	10.8 (17%)	10.6 (17%)
无机质/公斤	3.0 (6%)	2.9 (6%)	3.0 (6%)	2.9 (6%)	3.6 (6%)	3.8 (6%)	3.7 (6%)	3.6 (6%)
其他/公斤	2.6	2.5	2.6	2.5	3.1	3.3	3.2	3.2
肥值	过瘦	过瘦	—	—	稍轻	过瘦	稍轻	过瘦
体重指数	18.9	18.3	—	—	19.2	18.5	19.1	18.4

注：2007 年泰王杯国际拳击邀请赛于 4 月 5 日—7 日在泰国曼谷举行；
2007 年亚洲拳击锦标赛于 6 月 4 日—9 日在蒙古国乌兰巴托举行。

由表 2－14 我们可以看出，邹市明在泰王杯赛前 11 天内体重减轻 1.5 公斤，占其自身体重的 2.95%；在亚锦赛前 23 天内体重减轻 0.6 公斤，占其自身体重的 1.22%。这表明邹市明在这两个比赛前减体重过程中均没有采用快速减体重的方法。而胡青在泰王杯赛前 11

天内体重减轻了 2.3 公斤，占其自身体重的 3.58%；亚锦赛前 23 天内体重减轻了 2.2 公斤，占其自身体重的 3.45%。这表明胡青的赛前减体重情况并没有邹市明理想，减体重速度过快，接近快速减体重的方法。邹市明的体脂率一直保持在 9%～12%，较稳定，说明其在减体重过程中身体脂肪含量变化比较合理，而胡青的体脂率波动范围比较大，说明其减体重过程中维持身体成分的稳定性不如邹市明好。邹市明在两次比赛减体重过程中蛋白质含量变化较小，而胡青在泰王杯赛前的减体重过程中蛋白质含量变化幅度较大，虽然亚锦赛前变化不大，但整体而言，其减体重过程中维持身体成分的稳定性不如邹市明好。胡青在泰王杯赛前 11 天内身体水分总量增加 1.9 公斤，增幅较大，而在亚锦赛前身体水分总量变化不大，而邹市明两次赛前身体水分总量变化均较合理，且细胞内液和细胞外液的变化与身体水分总量的变化趋势一致。从无机质的变化情况来看，胡青在泰王杯赛前 11 天内体内无机质所占比例变化较大，在亚锦赛前没有变化，而邹市明在两次比赛前体内无机质所占比例保持不变。通过两名运动员这两次赛前的减体重情况我们可以看出，邹市明身体成分变化比较合理，更有利于其保持良好的竞技状态，获得更好的比赛成绩，而胡青在赛前的减体重效果欠佳，身体成分变化幅度较大，不利于其竞技水平的良好发挥及优异比赛成绩的取得。

2. 中级别运动员赛前减控体重案例分析

中级别运动员在比赛中多具备出拳力量大、身体对抗增加等特点，因此肌肉较发达。由于中级别运动员在比赛时可选择的级别较多，且其体形特点比较复杂，如何选择合适级别显得尤为关键。

罗某是 64 公斤级选手，属于中量级运动员。由表 2－15 我们可以看出，罗某赛前体重为 65.9 公斤，未达到参赛体重标准，还需减轻 1.9 公斤以达到参赛体重标准，赛前 4 周内其体重减轻了 2 公斤，身体脂肪量没有减少反而增多了 0.1 公斤，身体内水分总量减少了 1.5 公斤，其中细胞内液约占 2/3，这些说明该运动员减重缺乏计划性，仍然沿用以往赛前急性减体重的模式。罗某身体水分总量只是在赛前 1 周有所下降，但是细胞内液呈持续下降趋势，细胞外液可以通过补液在短时间内得到补充，而细胞内液在短时间内很难恢复，因此在赛前 4 周罗某减体重效果极其不理想，不但体重没有达到参赛标准，而且所减重量以身体水分为主。由于其未达到参赛体重标准，在赛前只有通过蒸桑拿等方式进行脱水减重，这将会加快身体内水分流失，影响竞技状态和比赛成绩。

表 2－15　辽宁拳击队优秀中级别运动员罗某赛前体重及身体成分一览表

	体重/公斤	体脂率/百分比	脂肪量/公斤	水分总量/公斤	细胞内液/公斤	细胞外液/公斤	内脏脂肪面积/平方厘米
测试 1	67.9	17.2	11.6	40.5	27.1	13.4	56.0
测试 2	68.4	17.8	12.2	40.5	27.1	13.4	57.0
测试 3	69.5	19.0	13.2	40.5	26.9	13.6	61.0
测试 4	68.0	17.3	11.8	40.5	26.6	13.9	56.0
测试 5	65.9	17.8	11.7	39.0	26.1	12.9	57.0

注：①姓名：罗某；年龄：24；身高：177 厘米；级别：64 公斤级；运动等级：健将。

②测试 1 为赛前第 4 周测试结果，以此类推，测试 5 为赛前测试结果。

3. 大级别运动员赛前减控体重案例分析

大级别运动员在比赛中多具备出拳力量大、身体对抗增加、抗击打能力强等特点，因此整体来看脂肪含量较多、肌肉非常发达。拥有较多脂肪虽然可以增强抗击打能力，但是脂肪过多会影响移动速度和击打力量。

张某是 91 公斤级选手，属于重量级别运动员。由表 2－16 我们可以看出，张某赛前体重为92.0公斤，没有达到参赛体重标准，赛前4周内体重减轻了2.9公斤，脂肪量减少了3.3公斤，身体内水分总量却增加了0.3公斤，虽然没有达到参赛体重标准，但是减重效果十分理想，减掉的体重全部为脂肪，而且身体内水分含量增加。但从其赛前4周和赛前的身体成分看，其体脂率远远高于男子柔道运动员的平均体脂率（14.36±5.33）%（85公斤以上）。虽然张某在赛前4周减体重备战训练阶段减体重效果不错，但是应在日常训练中及饮食方面调整其体脂率并增加肌肉质量，以便更好地适应大级别比赛的需要。

表2-16 辽宁拳击队优秀大级别运动员张某赛前体重及身体成分一览表

项目	体重/公斤	体脂率/百分比	脂肪量/公斤	水分总量/公斤	细胞内液/公斤	细胞外液/公斤	内脏脂肪面积/平方厘米
测试1	94.9	27.1	25.7	49.8	33.6	16.2	88.0
测试2	93.4	26.0	24.3	49.8	33.6	16.2	81.0
测试3	94.3	25.6	24.1	50.5	33.9	16.6	78.0
测试4	94.4	26.8	25.3	49.8	33.4	16.4	86.0
测试5	92.0	24.3	22.4	50.1	33.3	16.8	73.0

注：①姓名：张某；年龄：22；身高：190厘米；级别：91公斤级；运动等级：一级。

②测试1为赛前第4周测试结果，以此类推，测试5为赛前测试结果。

三、合理的营养调控

（一）营养计划制订的系统性

作为保障优秀运动员最佳竞技状态的重要因素，运动营养一直受到世界各国体育界人士的关注。合理、有效的运动营养有助于运动员提高运动能力、加快运动后的恢复并保证最佳的竞技状态。虽然营养不能代替训练，但营养及其他辅助手段与训练相结合，必将有助于运动员运动能力的提高。作为根据体重分级别的个人对抗性项目的参与者，拳击运动员的营养就更加重要了。

在营养合理的基础上，我们应该重视每个运动员营养计划的制订，针对比赛准备期、比赛期间和比赛后恢复阶段制订详尽且个体化的计划。在比赛及训练的各阶段，运动员能量和营养素的摄入要根据训练强度进行调整。比赛准备期的营养计划作为运动员营养物质的储备以及计划实施过程的开始阶段，为比赛期间更完善的营养保障打下科学而坚实的基础。比赛期间的营养是整个过程的核心，能够帮助运动员发挥更好的水平。同时，我们也应该强调比赛后恢复阶段的营养计划，以促进运动员运动生涯的可持续发展。

1. 比赛准备期的营养问题

目前，我国拳击运动员的营养保障缺乏全面性，很多教练员和运动员只注重比赛期间的营养问题，忽略了比赛准备期这一打基础阶段的营养问题。比赛准备期的营养问题一旦被忽视，运动员在训练中的体能和恢复就不能通过膳食营养来得到保障。其实，比赛准备期的营养保障是非常重要的，在这个阶段运动员需要进行全面的营养储备。这一阶段的营养储备既可为训练提供保障，又可为比赛时合理实施营养保障计划打下坚实的基础。计划的制订要紧紧围绕拳击项目的特点，饮食原则是要注重运动员糖原和蛋白质的摄入，强调合理营养前提下的长期适应性。

比赛准备期的营养对拳击运动员来说具有指导意义。拳击项目是一项根据体重分级别的对抗性项目。一般情况下，优秀运动员每年会参加 5 次以上的正规比赛，运动员必须至少 5 次要将体重减轻到比赛级别体重以下，这就要求他们常年控制体重，但常年控制体重势必带来竞技能力下降、营养不良等问题，处理好二者的关系是运动员取得好成绩的前提。拳击运动员只有科学分析自己的身体条件，在保证合理营养的基础上控制体重，才能发挥出最佳水平，这就要求其在比赛准备期通过合理营养和训练控制体重，并做好营养储备。

拳击运动集力量、速度和柔韧于一身，运动员在大强度训练的比赛准备期一定要具备充足的能量，满足运动训练的需要；要平衡膳食，均衡营养；要保证蛋白质摄入的质量，以摄入优质蛋白质为主，即摄入必需氨基酸含量充足且较为均衡的蛋白质，如鱼、虾、蛋类及奶制品等。由于拳击运动员在训练中无氧代谢供能的比例较高，这会产生过多的乳酸，并且饮食中蛋白质摄入过多，补充过量，易引起体液酸碱平衡紊乱，造成体液偏酸、钙丢失和肝、肾负担加重等负面影响，故应注意增加体内的碱储备。此外，还要注意身体脂肪含量，尤其是小级别运动员不能有过多脂肪，以避免速度降低，但同时还要保证足够强的对抗能力。其他营养素的合理摄入也非常重要，要注意适量补充碳水化合物、无机盐和维生素等营养物质。其中，碳水化合物的推荐量为总热量的 60%～70%，充足的碳水化合物摄入将为运动员训练提供充足的能量，并加快训练后的肌肉恢复。而根据大量报道，拳击运动员所摄入的碳水化合物只占总热量的 40%左右，并没有达到拳击运动的需要量。因此碳水化合物的补充应参考其推荐值。同时应注意补充维生素 A、维生素 C、维生素 B_1、维生素 B_2 和维生素 B_6，补充充足的水分和钾、钠、钙、镁等电解质。减体重期间保持低热量饮食，生活方式特别是饮食习惯的适应性改变很重要，尤其要习惯低脂肪（脂肪含量小于 25%）、高膳食纤维（不少于 25 克/日，来自全谷类和蔬菜水果）的饮食。这个阶段营养保障的主要目的是为训练服务的同时还要满足比赛的需要。

在制订营养计划并实施2～3周后，营养师应根据运动员体重、身体脂肪含量及饮食是否平衡这3个指标重新评定营养计划，检验运动员在营养计划实施过程中是否严格遵守计划要求，以避免在比赛前的训练阶段出现饮食盲目和混乱的情况。保证营养计划和效果不脱节，保证比赛准备期的营养计划正确和有效，最终目的仍然是保证比赛期间营养保障的万无一失。

2. 比赛期间的营养问题

比赛期间是最重要的几天，长期的营养储备都是为这几天准备的。比赛期间运动员必须注意糖原和水分的储备，不能过度饮食，还要注意避免高脂饮食，营养师应根据拳击项目特点为运动员提供额外的低脂点心和小套餐等。没有十全十美的食物来保障运动员的营养，营养师只能根据实际情况进行合理的营养调配，但必须注意饮食的质量，如果一名运动员的糖原和水分的储备都很好的话，那么在比赛阶段，平时吃什么就继续吃什么，平时吃多少就继续吃多少。如果运动员比赛压力大，状态不是很好，那就要根据具体情况进行饮食调节。因为拳击比赛过程中，每个比赛日当天的清晨运动员都要称重，尤其是接近决赛阶段连续几日都要进行比赛，运动员既要保证足够的营养以打好比赛，还要严格控制体重迎接第二天的称重，所以比赛期间的饮食就显得格外重要，营养师必须结合运动员个人的饮食习惯给运动员提供营养全面的食物。

3. 比赛后恢复阶段的营养问题

运动员在比赛中消耗掉很多储存的能量，因此必须摄入高碳水化合物食物补充消耗的能量，促进恢复。目前，我国拳击运动员在比赛之后的营养问题还没有引起足够的重视。有的运动员在比赛之后完全停止运动，生活没有规律；有的运动员在比赛之后完全不顾营养问题，暴饮暴食，体重在迅速反弹的同时给身体造成极大的伤害。比赛之后为了促进机体恢复，运动员要遵循以下 4 个原则：一是补充水分，二是重新建立糖原储备，三是补充蛋白质，四是促进新陈代谢。

（二）营养计划的个性化

在营养储备阶段，营养师首先要对运动员进行称重并检测身体成分，以了解运动员身体状况和身体成分的特点，然后通过耐心细致的谈话了解运动员对饮食和体重控制等方面的知识水平，此外还要了解每个运动员的饮食爱好和习惯。掌握了这些基本情况后，营养师就可以和教练员一起结合拳击项目特点制订营养计划了。

营养师在和教练员一起制订个体化营养计划时重要的是保证运动员合理的营养补充，要为运动员创造一个好的营养环境，还要考虑实施计划时存在的问题并及时解决。运动员在饮食摄入过程中不仅要根据自己的喜好，更重要的是要听从营养师和教练员的建议。营养师和教练员制订的营养计划本身就具有一定的强制性，在考虑运动员饮食习惯的同时更重要的是要坚持营养全面的原则，但在强调重点的同时也要避免顾此失彼。

（三）营养计划的实施主体

多年来的营养调查表明，随着我国经济环境的改善，人民生活水平的提高，运动员的伙食标准也在逐年提高。然而，伙食标准的提高并不意味着运动员营养状况的改善。相反，伙食标准提高以后，运动员有条件去选择他们爱吃或他们认为高营养的食物，其营养结构也许比伙食标准低时还要不合理，在造成极大浪费的同时，降低了运动员的训练质量和竞技能力。

目前，我国拳击运动员在摄入食物时缺少目的性，更多的是凭胃口和心情。运动员对运动营养知识掌握得还很少，他们认为这是教练员和营养师的事情，并未意识到营养对训练和比赛的重要性。为了使广大运动员对运动营养有一个基本了解，运动营养相关知识也应成为与训练和比赛相关的重要内容，运动员的膳食也应成为训练和提高运动成绩的一个重要组成部分，以保证运动员主动获得合理的营养。同时，合理的营养补充也是提高运动员自信心的有效途径，对保障运动员的竞技能力起到非常关键的作用，通过合理的营养补充来提高运动员的心理素质，使运动员感到是以最佳的状态参加比赛的，有利于运动员取得更好的比赛成绩。饮食调整是运动员减控体重的基本措施，运动员在赛前及比赛期间减控体重，必须严格按照科学有序的方法进行，将合理的营养调节和运动训练相结合，减少对内分泌、免疫系统及心血管功能的影响，尽量避免减控体重过程中对身体造成伤害，为运动员在比赛中取得优异成绩提供保障。

第四节　拳击项目新计分系统的设计和特点

一、新计分系统的设计

（一）设计背景

早期的奥运会拳击项目评定胜负的方法是通过对 5 名裁判员的评分进行累加，决定比赛的胜负。

从 1989 年起，拳击比赛开始采取电子计分系统，运动员在比赛时由 5 名裁判员来决定击中是否得点，当 5 名裁判员中至少 3 名在 1 秒内裁定得点时，电子记分系统才记分，这就是最早的电子计分系统。

随着拳击运动的不断发展，旧的计分系统已经不能满足拳击运动发展的需要，为了更好地发展世界业余拳击运动，使得比赛更具有观赏性，本着公平、公正、公开的原则，经过多年的酝酿，计分系统被进行了相应的改变和优化。

2010 年 11 月，IABA 决定从 2011 年 1 月开始，在 IABA 组织的比赛中废除一直沿用的 1 秒计分规则，而采用新的计分系统，并采用近似法计分。这一规则的变化，势必对运动员比赛成绩的评定产生影响，这就要求中国拳击运动相关人士必须尽快掌握新计分系统的特点，以便评估新计分系统判断胜负的准确性、与旧计分系统的差异，分析比赛过程中新计分系统的比分显示形式对教练员临场指挥的影响、新计分系统对不同类型运动员在比赛过程中得失点的影响，找到在使用新计分系统的比赛中，有效迅速得点和避免快速失点的方法，以及根据新计分系统的特点并结合运动员的特点进行比赛战术安排和制订应对方案。

（二）设计原理和内容

新计分系统以 IABA 实行的近似算法为核心，通过硬件采集数据，软件计算分析后计算出运动员得分。

1. 新计分系统硬件结构设计

新计分系统硬件主要包括裁判员评分盒、计时盒、数据采集盒、视频叠加器等部分。

2. 新计分系统软件结构设计

新计分系统是一个集拳击比赛自动编排、数据采集、数据互联网发布于一体的综合性管理系统。系统设计优良、集成度高、体贴用户、使用方便，具备全面且强大的拳击竞赛管理功能，是拳击竞赛管理工作的一个好帮手。系统由主控系统、评分系统、计时系统、比分显示系统、监控系统、成绩发布系统 6 个子系统组成。

（1）主控系统

主控系统是一个中文版的拳击竞赛管理软件，英文简称为 BCM，主要功能是录入并保存运动员、裁判员等的基本信息、自动编排比赛、打印各种报表、分析处理评分系统的数据等。

（2）评分系统

评分系统由 5 个裁判员评分盒和一个数据采集盒组成，裁判员评分盒具有记录裁判员对双方运动员打点和警告的功能，数据通过数据采集盒分析处理后被传给主控系统。评分系统采用多线程设计，时间分辨率可以达到 1 毫秒，另外裁判员评分盒自身具有按键不弹起报警功能，数据采集盒还有定时向主控系统发送各硬件状态检测报告的功能等。

（3）计时系统

计时系统是专门为计时员设计的时间显示和控制系统，主要功能是实现拳击比赛过程中的计时，记录运动员得分情况和回合的转换等，它能够与主控系统进行通信，从而使主控系统的时间和回合与计时系统保持一致。

（4）比分显示系统

比分显示系统用来显示当前回合和整个拳击比赛的实时比分，它具有可移动、连接方便、刷新速度快等特点。

（5）监控系统

监控系统主要用于比赛的实时监控，为比赛中出现的申诉提供依据，它由视频叠加器、录像机组成，录像机现场采集的信号经过视频叠加器后，与裁判员的打点情况实时叠加，输出有叠加信息的视频信号，最后通过录像机记录下来进行存档。

（6）成绩发布系统

成绩发布系统用来发布比赛日运动员各回合及总的比赛成绩。

3. 硬件系统原理图及 PCB 图设计

新计分系统中的硬件均采用 Protel 进行原理图和 PCB 图的设计，经过多次测试修改，最后才确定裁判员评分盒和数据采集盒的电路板。

4. IABA 新计分方法的设计

定义：X_1、X_2、X_3、X_4、X_5 分别指 5 名裁判员从低到高的打点分数。

C_1 指前 3 名裁判员的分数差（X_3-X_1），C_2 指中间 3 名裁判员的分数差（X_4-X_2），C_3 指后 3 名裁判员的分数差（X_5-X_3）。

K_1 指第 1 组评分的方差，K_3 指第 3 组评分的方差。

$K_1=(X_2-X_1)^2+(X_3-X_2)^2$；$K_3=(X_4-X_3)^2+(X_5-X_4)^2$

设计说明如表 2－17 所示。

表 2－17　IABA 新计分方法设计说明

编号	分类	举例	算法
1	$C_1=C_2=C_3$	4，7，9，12，14	取 C_2，去高低
2	$C_1<>C_2<>C_3$		哪组差值小取哪组
3	$C_2=C_3<C_1$	1，2，6，6，10	取 C_2，去高低
4	$C_2=C_3>C_1$	3，3，6，7，10	取 C_1，去第 4、5
5	$C_1=C_2>C_3$	3，3，7，7，10	取 C_3，去第 1、2
6	$C_1=C_2<C_3$	3，3，7，7，12	取 C_2，去高低
7	$C_1=C_3>C_2$	2，3，4，4，6	取 C_2，去高低
8	$C_1=C_3<C_2$		
8.1	$K_1=K_3$	3，4，6，8，9	取 C_2，去高低
8.2	$K_1>K_3$	3，3，6，7，9	取 C_3，去第 1、2
8.3	$K_1<K_3$	2，4，6，9，10	取 C_1，去第 4、5

二、新计分系统的特点

（一）新旧计分系统的设计差异

旧计分系统的核心概念是“有效点”，需要 3 名裁判员在 1 秒内同时按点才能成为一个“有效点”。这种计分方式存在很多弊端。

旧计分系统对按点的时间有严格的要求，这在很大程度上忽略了每名裁判员的判断结果。与此同时，观众对“有效点”缺乏理解，很多看上去得点的出拳根本没有对比赛产生影响，因此观众对于比分很低或 0 分现象很难理解。这种 1 秒按点的概念限制了运动员 1 秒得 2 点及以上的可能。

另外，旧计分系统中计算机评估系统的使用导致裁判员更多地考虑自己的评判，忽略了运动员的实际表现。裁判员更加注重打点的技巧和评估的要求，这样很难真实反映运动员在场上的表现。

更重要的是，旧计分系统导致了拳击运动风格的改变。教练员和运动员更重视一次性有效击打，尤其是头部击打，从而使得拳击运动的观赏性大大降低。

新计分系统的核心特点是完全取消“有效点”和“1 秒时间窗口”的概念，而是记录所有裁判员的打点，选取每个回合中打点最接近的 3 名裁判员的打点，并计算平均值，警告得分不计入个人点。

新计分系统下比赛过程中不显示即时比分，每名裁判员的打点在回合间休息时显示，场馆设立大屏幕，以供观众看到比分情况，取消裁判员计算机评估系统。

（二）新旧计分系统比分显示形式的比较

旧计分系统的比分显示形式是每一次比分的变动都会即时向助手和全体观众显示。比分显示之后的点数只会保持或继续增加，不会出现减少的情况。旧计分系统的特点是清楚、即时、点数不会减少，便于教练员安排战术，也便于运动员通过助手提供的信息掌握场上比分情况。

新计分系统的比分显示形式是比赛期间不显示比分，而是每个回合结束后显示总比分，同时显示每个裁判员的打点小分。总分为计算机处理后的3个裁判员的平均打分。新计分系统的特点是比赛过程中比分不显示，回合结束后比分才显示；显示每个裁判员每个回合的打点情况；不利于助手和运动员即时掌握场上比分情况。

（三）新旧计分系统下比赛结果的异同

计分系统的变化，势必造成比分上的差异。旧计分系统已经使用很多年了，教练员和运动员基本上已经形成思维定式，因此在惯性思维的作用下，对新计分系统的使用难免出现不适应，这种不适应主要表现在对新旧计分系统比分差异的不适应。为此，本书的研究就从这种差异入手，结合比赛的实际情况找出差异所在，深入探讨和分析出现这种差异的原因，从而为教练员和运动员改变思维方式，尽快适应新计分系统奠定基础。

1. 2010年鹤壁全国男子拳击冠军赛结果分析

2010 年全国男子拳击冠军赛在河南省鹤壁市举行，参加比赛的运动员共有93名，由全国锦标赛的前8名再加上青年赛的冠亚军组成，比赛的水平较高、规模较大。在全部83场比赛中，有73场是靠比分获胜的（表2–18、图2–5）。

表 2－18　2010 年鹤壁全国男子拳击冠军赛新旧计分系统比赛结果差异统计表

比赛结果相反	比赛结果相同						合计
	比分扩大的场次数		比分缩小的场次数		比分相同的场次数		
场次数	数值增加	差值增大	数值减小	差值缩小	大分相同	差值相同	
4	8	26	2	18	2	13	73

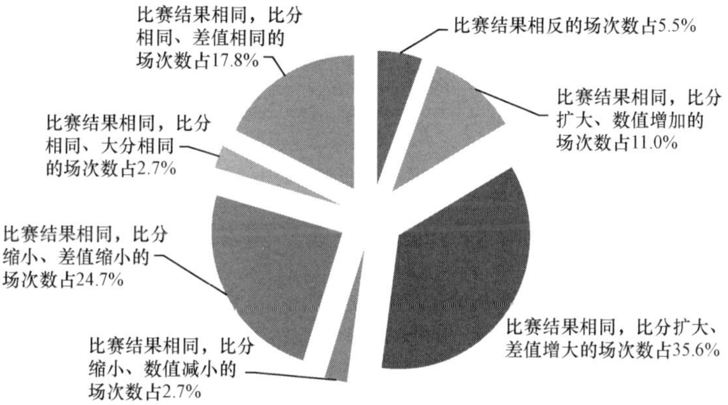

图 2－5　2010 年鹤壁全国男子拳击冠军赛新旧计分系统比赛结果变化场次比例图

（1）比赛结果相反

新旧计分系统比较，比赛结果相反的情况如表 2－19 所示。

表 2－19　2010 年鹤壁全国男子拳击冠军赛新旧计分系统比赛结果相反场次一览表

场次	红角	蓝角	旧比分	新比分
第 20 场	莫维涛（上海）	吴荣国（四川）	3∶2	2∶4
第 28 场	史云龙（武汉体院）	韩园凯（济南军区）	2∶2（17∶16）	1∶2
第 59 场	夏文杰（山西）	袁少武（山西）	4∶3	1∶2
第 61 场	吴晓路（前卫西部矿业）	周镝（济南军区）	6∶6（29∶26）	2∶3

在此以第 20 场比赛为例进行说明，具体情况见表 2-20。

表 2-20　2010 年鹤壁全国男子拳击冠军赛第 20 场比赛红角莫维涛 vs 蓝角吴荣国

	红角小分					蓝角小分					旧比分	新比分
回合 1	2	0	0	0	1	1	2	1	2	2	0∶1	0∶2
回合 2	1	2	2	0	1	1	2	3	0	2	2∶1	1∶2
回合 3	2	1	1	2	1	1	0	0	0	0	1∶0	1∶0
回合 4	0	0	0	0	0	0	0	0	0	0	0∶0	0∶0
总计	5	3	3	2	3	3	4	4	2	4	3∶2	2∶4

每个裁判员的判罚情况如下：5∶3；3∶4；3∶4；2∶2；3∶4。

第 1 号裁判员判定红角胜（5∶3），第 4 号裁判员判定比分为 2∶2，第 2、3、5 号裁判员判定蓝角胜（3∶4）。

根据新计分系统，吴荣国获得比赛的胜利，但在旧计分系统下却是莫维涛取得比赛的胜利。由于这是新旧计分系统比较出现的比赛结果相反的少数情况之一，因此尤其引起了大家的注意。

比赛结果出现差异主要是运动员的打法类型和技战术风格导致的。吴荣国属于积极主动型运动员，场上进攻积极、反复能力强、出拳较多且连续；莫维涛属于技术型运动员，时机抓得较好、单拳反击能力强。比赛中吴荣国在相持过程中，连续主动出拳，在近距离拼打过程中出拳较多，而在相持过程中，莫维涛善于利用技术和时机，打出清晰有效的单拳。因此在同样的打点计分过程中，新计分系统和旧计分系统出现了截然相反的结果（表 2-21，表 2-22）。

表 2－21 2010 年鹤壁全国男子拳击冠军赛第 20 场比赛新计分系统的电子计分表

2010年鹤壁全国男子拳击冠军赛

电子记分表

男子成年	49公斤级	1/4决赛	第3单元	第20场
河南鹤壁	打印时间: 2012/9/11 9:29		表号:	101218-020-C20

红角	蓝角
莫维涛	吴荣国
上海	四川

胜方:	蓝角	吴荣国 (四川)
	PTS 2:4	R3

台裁	评判1	评判2	评判3	评判4	评判5
艾克拜尔	邵峰	张志恒	高林青	崔永灿	董凤昌
新疆	安徽	江西	广东	济南军区	海南

小分	红角 : 蓝角	红角 : 蓝角	红角 : 蓝角	红角 : 蓝角	红角 : 蓝角	击倒 : 击倒
回合1	X 2 : 1 X	0 : 2	0 : 1 X	0 : 2	X 1 : 2	
回合2	1 : 1	2 : 2	X 2 : 3 X	X 0 : 0 X	1 : 2	
回合3	X 2 : 1 X	1 : 0 X	1 : 0	X 2 : 0	1 : 0	
回合4	0 : 0	0 : 0	0 : 0	0 : 0	0 : 0	
合计	5 : 3	3 : 4	3 : 4	2 : 2	3 : 4	

得分	合计
回合1	0 : 2
回合2	1 : 2
回合3	1 : 0
回合4	0 : 0
合计	2 : 4

2 : 4

表 2－22　2010 年鹤壁全国男子拳击冠军赛第 20 场比赛旧计分系统的电子计分表

2010年鹤壁全国男子拳击冠军赛

电子记分表

男子成年	49公斤级	1/4决赛	第3单元	第20场
河南鹤壁	打印时间: 2012/9/11 9:29		表号:	101218-020-C20

红角	蓝角
莫维涛	吴荣国
上海	四川

胜方:	红角	莫维涛 (上海)
	PTS 3:2	R3

台裁	评判1	评判2	评判3	评判4	评判5
艾克拜尔	邵峰	张志恒	高林青	崔永灿	董凤昌
新疆	安徽	江西	广东	济南军区	海南

小分	红角 : 蓝角	红角 : 蓝角	红角 : 蓝角	红角 : 蓝角	红角 : 蓝角	击倒 : 击倒
回合1	2 : 1	0 : 2	0 : 1	0 : 2	1 : 2	
回合2	1 : 1	2 : 2	2 : 3	0 : 0	1 : 2	
回合3	2 : 1	1 : 0	1 : 0	2 : 0	1 : 0	
回合4	0 : 0	0 : 0	0 : 0	0 : 0	0 : 0	
合计	**5 : 3**	**3 : 4**	**3 : 4**	**2 : 2**	**3 : 4**	

有效分	红角 : 蓝角	红角 : 蓝角	红角 : 蓝角	红角 : 蓝角	红角 : 蓝角	合计
回合1	0 : 1	0 : 1	0 : 0	0 : 1	0 : 1	0 : 1
回合2	1 : 1	2 : 1	2 : 1	0 : 0	1 : 1	2 : 1
回合3	1 : 0	1 : 0	1 : 0	1 : 0	1 : 0	1 : 0
回合4	0 : 0	0 : 0	0 : 0	0 : 0	0 : 0	0 : 0
合计	**2 : 2**	**3 : 2**	**3 : 1**	**1 : 1**	**2 : 2**	**3 : 2**

（2）比赛结果相同，但比赛过程中回合比分相反

第 1 回合比分相反的场次见表 2－23。第 1 回合的比分往往会影响最后的结果，统计数据显示，在超过 85%的场次中第 1 回合领先的一方最终获胜，因此第 1 回合领先无论在运动员心理方面还是技战术运用等方面，影响都是明显的。新计分系统下，比赛过程中比分不显示，每个回合结束比分才显示，这样更增加了第 1 回合的影响力。因此，打好开局，是运动员采用合理技战术并取得胜利的关键。

表 2－23　2010 年鹤壁全国男子拳击冠军赛
第 1 回合比分相反的场次示例

场次	红角	蓝角	旧比分	新比分
第 27 场	张帅（北京）	姚巍（安徽）	3∶7	4∶7
回合	1		1∶2	2∶1
	2		2∶3	2∶3
	3		0∶2	0∶3
第 39 场	高水华（陕西）	谷雨（辽宁）	3∶10	6∶11
回合	1		2∶3	3∶2
	2		1∶6	2∶7
	3		0∶1	1∶2

第 2 回合比分相反的场次见表 2－24。第 2 回合的比赛结果会直接影响第 3 回合的战术选择，防守反击型运动员在前两个回合领先的情况下，在第 3 回合往往会采用保点或者移动闪躲的方式拖延时间，而拼打型运动员在落后的情况下很容易采用压迫式进攻的打法。因此，教练员和运动员正确判断场上形势极其重要，新计分系统下比赛过程中比分不显示，更增加了教练员和运动员

的判断难度。

表 2–24　2010 年鹤壁全国男子拳击冠军赛第 2 回合比分相反的场次示例

场次	红角	蓝角	旧比分	新比分
第 61 场	吴晓路（前卫西部矿业）	周镝（济南军区）	2∶3	6∶6
回合	1		0∶0	0∶0
	2		1∶2	3∶2
	3		1∶1	3∶4
第 58 场	胡日查毕力格（内蒙古）	刘荣树(河北九江线材)	1∶6	4∶5
回合	1		0∶1	1∶1
	2		1∶2	2∶1
	3		0∶3	1∶3

在比赛结果没有改变的情况下，比分扩大一般包括比分数值增加和比分差值增大，其中比分数值增加的主要原因是运动员出拳清晰有效而且连贯有力，比较典型的代表是第 69 场比赛（表 2–25、表 2–26）。

表 2–25　2010 年鹤壁全国男子拳击冠军赛比分扩大的场次示例

场次	红角	蓝角	旧比分	新比分	备注
第 69 场	孜吾提•英别克（新疆）	李泉龙（上海）	5∶20	7∶26	出拳清晰有效而且连贯有力，有助于扩大比分

表 2-26 2010 年鹤壁全国男子拳击冠军赛第 69 场比赛新计分系统的电子计分表

2010年鹤壁全国男子拳击冠军赛

电子记分表

男子成年	69公斤级	半决赛	第8单元	第69 场
河南鹤壁	打印时间: 2012/9/12 9:09		表号:	101218-069-C20

红角	蓝角
孜吾提·英别克	李泉龙
新疆	上海

胜方: 蓝角 李泉龙 (上海)

PTS 7:26 R3

台裁	评判1	评判2	评判3	评判4	评判5
孙伟	刘传葆	董凤昌	高林青	崔永灿	张志恒
江苏	武警	海南	广东	济南军区	江西

小分	红角 : 蓝角	红角 : 蓝角	红角 : 蓝角	红角 : 蓝角	红角 : 蓝角	击倒 : 击倒
回合1	X 5 : 13	4 : 14	X 3 : 7 X	4 : 9 X	4 : 12	
回合2	X 3 : 7	X 4 : 7	2 : 3 X	2 : 5 X	2 : 6	
回合3	X 2 : 7 X	1 : 5 X	1 : 5	1 : 6	X 0 : 6	
回合4	0 : 0	0 : 0	0 : 0	0 : 0	0 : 0	
合计	**10 : 27**	**9 : 26**	**6 : 15**	**7 : 20**	**6 : 24**	

得分	合计
回合1	**4 : 13**
回合2	**2 : 7**
回合3	**1 : 6**
回合4	**0 : 0**
合计	**7 : 26**

7 : 26

新计分系统下，如果比赛中运动员出拳清晰有效而且连贯有力，会导致比分扩大，这就是取消“1 秒时间窗口”的原因。因此运动员连续清晰有效地出拳，有利于扩大比分。

在结果相同的比赛中也存在比分缩小的情况，包括比分数值减小及比分差值缩小（表 2–27）。

表 2–27　2021 年鹤壁全国男子拳击冠军赛比分缩小的场次示例

场次	红角	蓝角	旧比分	新比分
第 14 场	党勇（内蒙古）	唐斌（北京）	3∶7	4∶6
第 15 场	程飞（江苏）	宋方涛（江苏）	5∶0	6∶4

运动员在比赛过程中，出拳虽较多，但是不够清晰有力，由于不同裁判员的打点尺度及判罚角度等不同，很可能出现高分值的点被删除的情况，从而导致新计分系统下的比分比旧计分系统下的比分缩小的情况出现。当双方运动员实力相当时，新计分系统下会出现分值接近的情况。另外，与旧计分系统相比，当双方运动员实力相当时，比分差值缩小使比赛更具有悬念（表 2–28）。

表 2–28　2010 年鹤壁全国男子拳击冠军赛比分差值缩小的场次示例

场次	红角	蓝角	旧比分	新比分	备注
第 25 场	史为友（武汉体院）	袁少武（山西）	0∶6	2∶7	双方实力没有非常悬殊
第 23 场	郑志超（河北）	刘荣树（河北九江线材）	0∶4	2∶4	与旧计分系统相比，双方实力相当时，比分差值缩小使比赛更具有悬念

在比分相同的场次中，大分相同的场次有 2 场（表 2–29），共有 13 场比赛得分差值相同，占整个比赛的 17.8%。

表 2－29　2010 年鹤壁全国男子拳击冠军赛大分相同的场次示例

场次	红角	蓝角	旧比分	新比分
第 16 场	江根伟（上海）	彭明飞（广西）	5∶4	5∶4
第 67 场	周镝（济南军区）	尚东旭（山东）	10∶2	10∶2

2. 2010 年海口全国男子拳击锦标赛结果分析

2010 年海口全国男子拳击锦标赛的统计分析显示，296 场比赛中，新旧计分系统下结果相反的比赛总共有 14 场（表 2–30）。

表 2－30　2010 年海口全国男子拳击锦标赛新旧计分系统下比赛结果相反的场次

场次	级别	红角	蓝角	旧比分	新比分
第 20 场	60 公斤级	王晓凯（电力体协）	夏金玉（电力体协）	10∶12	10∶8
第 41 场	75 公斤级	周全坤（云南红河）	胥锐（江苏）	14∶10	4∶6
第 46 场	75 公斤级	文银杭（湖北）	尚东旭（山东）	10∶9	7∶8
第 62 场	54 公斤级	吴海光（前卫体协）	陈亚刚（江苏）	6∶7	6∶5
第 67 场	54 公斤级	李雪松（云南红河）	索朗罗布（西藏）	10∶8	6∶6
第 97 场	51 公斤级	韩龙（辽宁）	皮传胜（武汉体院）	10∶11	10∶8
第 103 场	60 公斤级	牛忠杰（上海体院）	江根伟（上海）	6∶5	4∶6
第 118 场	48 公斤级	秦永胜（重庆）	叶金伙（福建）	10∶11	9∶6
第 130 场	64 公斤级	任红岭（山东）	刘荣树（河北九江线材）	3∶3（15∶20）	3∶2
第 139 场	64 公斤级	陈德汇（浙江华日）	李长征（西藏）	5∶4	2∶5
第 152 场	69 公斤级	祝恒帅（重庆）	韩磊（济南军区）	4∶4（21∶30）	3∶2

续表

场次	级别	红角	蓝角	旧比分	新比分
第 170 场	81 公斤级	焦学智（河南）	包旋（内蒙古）	7∶10	8∶5
第 237 场	81 公斤级	张开开（浙江华日）	周围（广东）	4∶4（24∶23）	1∶3
第 285 场	91 公斤级	黄天威（湖北）	尼加提·玉山（济南军区）	18∶17	13∶16

比分出现反转的原因在于比赛中比分落后的运动员被迫采取主动进攻的战术，在进攻过程中出拳连续而且时机合理，击打准确有力，因此比分增长迅速，而且新计分系统下比分的增长速度明显快于旧计分系统下比分的增长速度。

3. 新计分系统下邹市明比赛的个案分析

表 2–31 和表 2–32 分别是邹市明参加 2011 年大连全国男子拳击锦标赛的新计分系统电子计分表和 5 个裁判员打点统计表。其中，第 3 回合中评判 1 和评判 2 的打点被去掉，比分为 2∶3，落后 1 点。这一结果的出现与邹市明的战术安排有关，前两个回合邹市明分别以两个 3∶1 领先，在 6∶2 的情况下他采用了保点的保守打法，更多应用移动、格挡等防守技术。由比赛结果我们可以看到，这种情况下给出高分的评判 1 和评判 2 的打点被新的计分系统删除，导致其第 3 回合反倒输 1 点。

根据邹市明的打法特点，他领先后的移动反击能力非常强，无论在国际还是国内比赛中很少有输点的情况发生。这次比赛出现的情况引起了他和教练组足够的重视，对于领先后的移动反击战术必须进行相应的调整。

表 2-31 2011 年大连全国男子拳击锦标赛邹市明比赛的新计分系统的电子记分表

2011年大连全国男子拳击锦标赛

电子记分表

男子成年	49 公斤级	预赛	第7单元	第176场
大连	打印时间: 2012/9/12 9:24		表号:	201105-176-C20

红角	蓝角
邹市明	徐超
贵州	前卫体协

胜方:	红角	邹市明 (贵州)
	PTS 8:5 R3	

台裁	评判1	评判2	评判3	评判4	评判5
倅洪斌	阿地力	郑涛	董玉刚	张京京	杜七一
广西	新疆	江苏	天津	北京	武汉体院

小分	红角 : 蓝角	红角 : 蓝角	红角 : 蓝角	红角 : 蓝角	红角 : 蓝角	击倒 : 击倒
回合1	3 : 1	X 4 : 1	X 1 : 0 X	3 : 0 X	2 : 1	
回合2	3 : 1 X	X 5 : 1	3 : 1	X 1 : 1	2 : 1 X	
回合3	X 4 : 3	X 5 : 3	3 : 1 X	2 : 1 X	2 : 3	
回合4	0 : 0	0 : 0	0 : 0	0 : 0	0 : 0	
合计	**10 : 5**	**14 : 5**	**7 : 2**	**6 : 2**	**6 : 5**	

得分	合计
回合1	**3 : 1**
回合2	**3 : 1**
回合3	**2 : 3**
回合4	**0 : 0**
合计	**8 : 5**

8 : 5

表 2-32 邹市明参加 2011 年大连全国男子拳击锦标赛 5 个裁判员打点统计表

回合	评判 1	评判 2	评判 3	评判 4	评判 5	结果
	阿地力（新疆）	郑涛（江苏）	董玉刚（天津）	张京京（北京）	杜七一（武汉体院）	—
第 1 回合	3∶1X	4∶1X	1∶0	3∶0X	2∶1	3∶1
第 2 回合	3∶1X	5∶1	3∶1X	1∶1X	2∶1	3∶1
第 3 回合	4∶3	5∶3	3∶1X	2∶1X	2∶3X	2∶3
第 4 回合	0∶0	0∶0	0∶0	0∶0	0∶0	0∶0

注：X 为被计分系统采用的比分。

（四）新计分系统下国内数据和国外数据的比较分析

本书的研究对近两年国内和国际比赛的结果进行了收集和整理，并运用新的计分方式重新计算比分，分析新的计分方式对不同类型拳击运动员的影响，以期为国家拳击队运动员的训练提供帮助。

在使用新计分系统之后，我们对比国内和国际比赛中运动员的比分的情况（图 2-6、图 2-7），可以判断出国内裁判员打点和运动员比分与在国际大赛上裁判员打点和运动员比分的差异。为此，本书的研究将国内外大型男子和女子拳击锦标赛的全部比分进行了统计，其结果如表 2-33 显示。2011 年大连全国男子拳击锦标赛的平均成绩是（11.79±4.79），明显低于 2011 年巴库拳击世锦赛的平均成绩（18.38±4.98）；2012 年呼和浩特全国女子拳击锦标赛的成绩（15.88±5.48）也明显低于 2012 年秦皇岛世界女子拳击锦标赛的成绩（18.88±5.42）。

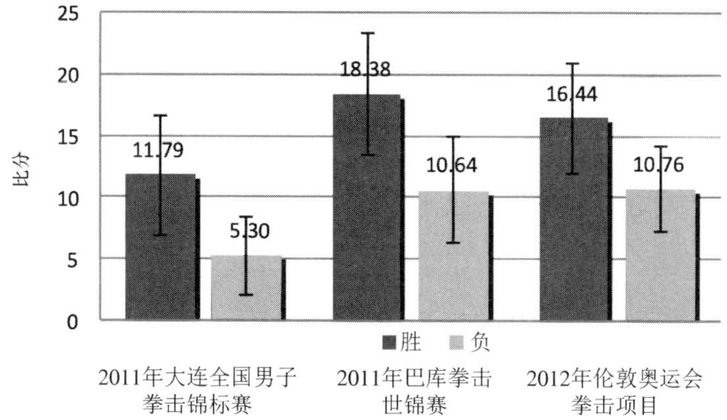

图 2-6 国内和国际男子拳击比赛比分结果对照图

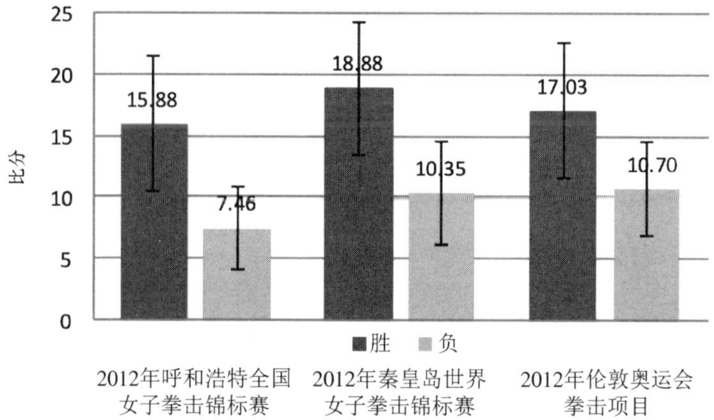

图 2-7 国内和国际女子拳击比赛比分结果对照图

表 2-33 国内和国际拳击锦标赛以及 2012 年伦敦奥运会拳击项目比分结果对照表

比赛性质	赛事	男子	女子
国内比赛	2011 年大连全国男子拳击锦标赛	胜 11.79±4.79 负 5.30±3.19	—
	2012 年呼和浩特全国女子拳击锦标赛	—	胜 15.88±5.48 负 7.46±3.40
国际比赛	2011 年巴库拳击世锦赛	胜 18.38±4.98 负 10.64±4.30	—
	2012 年秦皇岛世界女子拳击锦标赛	—	胜 18.88±5.42 负 10.35±4.17
奥运会	2012 年伦敦奥运会拳击项目	胜 16.44±4.45 负 10.76±3.51	胜 17.03±5.52 负 10.70±3.86

这种结果的出现主要是因为国内比赛的激烈程度不如国际比赛，运动员出拳数和得点数明显偏少；另一个原因就是裁判员打点比较保守，点数给得少。

在备战国际比赛时，教练员必须考虑国际比赛的特点，通过国内比赛的练兵来适应国际形势，不能根据国内比赛的打点情况来指导训练。2011 年巴库拳击世锦赛之后，国家体育总局拳击跆拳道运动管理中心根据调研数据提出进一步统一国内判罚尺度的要求，提出要加强裁判员的培养力度，努力与国际判罚接轨，随后组织参加 2011 年巴库拳击世锦赛执法的裁判员向全国的教练员和裁判员介绍比赛执法情况，统一执法尺度，并贯彻到全国比赛及国家队训练之中。

2012 年伦敦奥运会的比赛结果表明，按照世锦赛的计分特点进行训练是正确的，2012 年伦敦奥运会的计分特点和之前世锦赛的计分特点非常接近。这为运动员和教练员指明了方向，提高了备战的时效性和实效性。

第五节 拳击项目新计分系统下不同类型运动员的应对策略

一、新计分系统对不同类型拳击运动员的影响

（一）国内不同类型拳击运动员的统计

根据专家咨询和访谈，拳击运动员最终被确定为 3 种打法类型，即综合应用型、防守反击型和拼打进攻型。新计分系统加入了打法类型、进攻方式和防守方式的统计模块（图 2–8），在运动员比赛

过程中针对运动员的打法类型、进攻方式和防守方式进行相应的勾选，并结合比赛成绩进行统计分析，结果详见表 2－34。

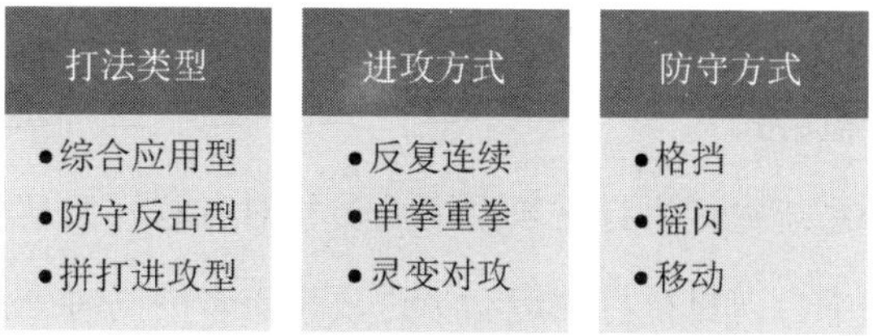

图 2－8　打法类型和攻防方式

表 2－34　不同打法类型和攻防方式运动员所占的比例

项目	打法类型			进攻方式			防守方式		
	综合应用型	防守反击型	拼打进攻型	反复连续	单拳重拳	灵变对攻	格挡	摇闪	移动
百分比/%	31.7	52.2	16.1	36.8	26.0	37.2	52.3	27.6	20.1

将运动员的打法特点在比赛过程中进行标记，结合运动员每场比赛技战术的使用和攻防表现，对两种计分系统下的结果进行比较，可以评价不同打法类型运动员受计分系统改变的影响程度。

拳击比赛中运动员要想取得好成绩必须具备战胜不同打法类型对手的实力，因此，打法单一的运动员容易被对手研究并找到制约的办法，所以技术全面是优秀拳击运动员必须具备的素质。我国的拳击运动员综合应用攻防技术的仍占多数，这部分运动员受计分系统改变的影响较小。

防守反击型运动员距离控制好，反击时机把握好，这类运动员往往身高臂长。优秀的防守反击型运动员击打准确有力。但这种打法类型的运动员主动进攻能力较差，容易被对手控制。研究发现，此类运动员受计分系统改变的影响最大，比赛中得点数少，在被对手控制住的情况下容易迅速失点。我国 64 公斤级运动员胡青就是典型的防守反击型运动员。在旧计分系统下他曾获得 2006 年多哈亚运会冠军和北京奥运会第 5 名的好成绩，而在新计分系统下，在 2011 年巴库拳击世锦赛的最后阶段他被印度选手逆转，痛失 2012 年伦敦奥运会参赛机会。

新计分系统对于拼打进攻型运动员相对有利，但是在拼打进攻的不同方式中，盲目拼打的运动员进攻得点多的同时失点也多，往往受到防守反击型运动员的克制。这种打法类型的运动员往往在比赛最后能够逆转，利用的是对手体力不支、专项耐力不足等弱点。我国 52 公斤级运动员常勇经常采用这种打法。不过这类运动员往往发挥很不稳定。

在旧计分系统下，单拳抢点的战术非常有效，运动员抢点之后采用一些破坏战术就能够保住领先的点数直至比赛结束。但在新计分系统下，这种战术的效果被新计分系统的计分方式削弱，运动员反复连续进攻可以迅速提高比分，改变了以前 1 秒内只能得 1 点的现象。因此，调研发现，连续拼打、积极进攻的运动员更有利于获得赛场上的主动权，但是这必须有良好的专项体能作为保障。运动员盲目拼打虽然能够掌握赛场上的主动权，但是容易丢失体力，更容易连续丢点甚至输掉比赛。

在防守过程中，运动员采用最多的是格挡防守，占参赛运动员的 52.3%。有效格挡可以阻止对手有效进攻。但是运动员被动抱头格挡防守在新计分系统下很容易失点。摇闪防守存在一定的风险，且摇闪的时机不容易把握。移动防守是丢点最少的防守方式，但是拳击规则明确规定，不允许运动员在场上连续移动，运动员消极比赛容易被裁判员罚点。因此，运动员必须掌握不同的防守方式，且需要根据场上的形势综合应用。

（二）各国打法类型比较分析

近年来，国际拳坛的格局正逐渐由俄罗斯和古巴统领变为各国争先，一些技术风格鲜明的国家不断涌现，如 2011 年巴库拳击世锦赛世界排名第一的乌克兰、北京奥运会排名第一的中国、遵守传统规矩的哈萨克斯坦。在新规则和新计分系统下，通过对比分进行比较分析我们可以找出各国打法的特点及规律。

1. 2011 年巴库拳击世锦赛暨 2012 年伦敦奥运会资格赛

2011 年巴库拳击世锦赛可以说是 2012 年伦敦奥运会的一次模拟考试，各国拳击队在计分系统改变后呈现如下特点。

由表 2－35 和表 2－36 我们可以看出，乌克兰最终成为此届巴库拳击世锦赛最大的赢家，乌克兰能一跃成为世界第一，主要得益于其运动员适应了新计分系统。乌克兰拳击运动员的打法特点非常鲜明，他们擅长主动进攻，拳多有力，凭借比对手多而有力的出拳共赢得了 4 金 1 银。由表 2－36、图 2－9 和图 2－10 我们可以看出，乌克兰队获胜场次得点最多，达（21.38±5.67）点，但他们的失点也最多，达（12.85±4.19）点，他们在失利的比赛中失点多达（22.50±3.89）点，远远多于其他国家运动员的失点数，可见他们的比分无论胜负都是高比分，这样的打法必须依靠运动员超常的体能和出拳能力，同时也暴露出运动员进攻拼打时的防守问题。

古巴在失利场次中，得点最多，与对手比分最为接近，说明其整体实力强。

中国在获胜场次中，失点最少，说明中国运动员的防守能力最强；同时得点不多，说明运动员进攻得点能力不强。

俄罗斯和哈萨克斯坦的得点和失点都在中上水平。

表 2-35 2011 年巴库拳击世锦赛积分排名前 10 的国家统计结果

积分排名	国家	拳手人数/人	获胜场次			失利场次	参赛场次	人均参赛场次	积分	人均积分	获得奖牌数			
			预赛	半决赛	决赛						金	银	铜	合计
1	乌克兰	10	25	5	4	6	40	4.00	47	4.70	4	1	0	5
2	古巴	10	25	3	2	8	38	3.80	37	3.70	2	1	0	3
3	哈萨克斯坦	9	23	2	0	9	34	3.78	27	3.00	0	2	2	4
4	俄罗斯	10	19	1	1	9	30	3.00	24	2.40	1	0	2	3
5	中国	10	19	1	1	9	30	3.00	24	2.40	1	0	1	2
6	阿塞拜疆	9	15	2	1	8	26	2.89	22	2.44	1	1	0	2
7	英国	9	18	2	0	9	29	3.22	22	2.44	0	2	1	3
8	巴西	6	12	1	1	5	19	3.17	17	2.83	1	0	1	2
9	乌兹别克斯坦	10	17	0	0	10	27	2.70	17	1.70	0	0	2	2
10	印度	10	17	0	0	10	27	2.70	17	1.70	0	0	1	1

表 2-36 2011 年巴库拳击世锦赛部分国家得失点情况统计表

国家	胜负		得点	失点	差值	胜负		得点	失点	差值
乌克兰	胜	均值	21.38	12.85	8.53	负	均值	15.50	22.50	-7.00
		标准差	5.67	4.19	6.31		标准差	5.79	3.89	2.28
古巴	胜	均值	16.64	9.59	7.05	负	均值	16.83	19.67	-2.84
		标准差	3.89	3.07	4.34		标准差	5.04	4.37	1.83
哈萨克斯坦	胜	均值	17.68	8.89	8.79	负	均值	11.00	16.67	-5.67
		标准差	6.08	3.90	6.43		标准差	2.60	3.28	3.64

续表

国家	胜负		得点	失点	差值	胜负		得点	失点	差值
俄罗斯	胜	均值	17.67	9.56	8.11	负	均值	10.88	15.75	-4.87
		标准差	4.47	4.31	4.50		标准差	2.53	3.33	3.48
英国	胜	均值	16.88	9.88	7.00	负	均值	14.33	19.33	-5.00
		标准差	5.20	4.11	4.03		标准差	4.50	5.39	3.81
中国	胜	均值	15.90	8.24	7.66	负	均值	11.71	17.14	-5.43
		标准差	3.19	3.24	3.64		标准差	4.07	2.19	3.15

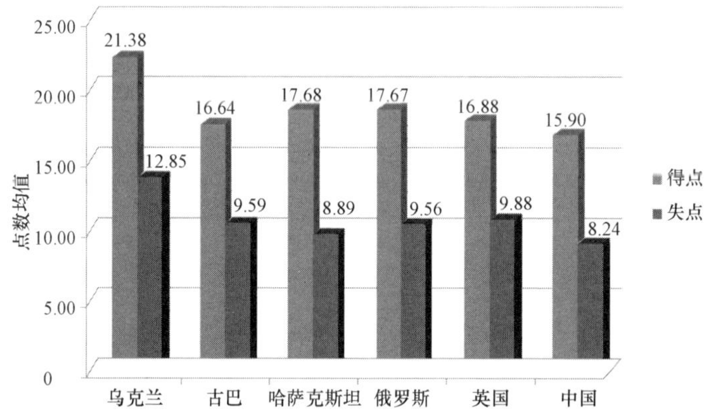

图 2-9 2011 年巴库拳击世锦赛部分国家获胜场次得失点图

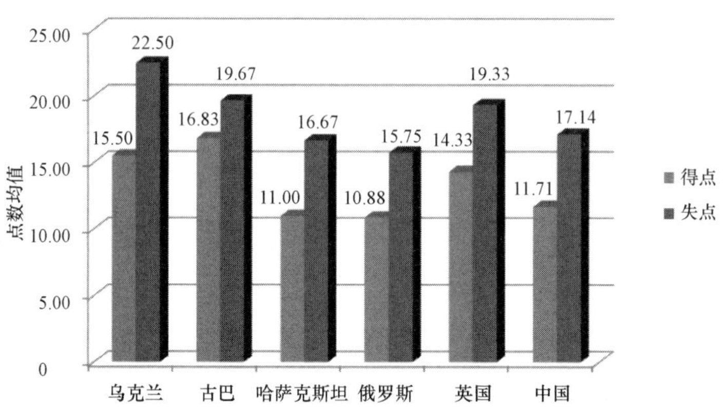

图 2-10 2011 年巴库拳击世锦赛部分国家失利场次得失点图

2. 2012 年伦敦奥运会拳击项目

从表 2-37 中我们可以看出，东道主英国在此届奥运会拳击项目中排名第一，获得 5 枚奖牌，包括 3 金 1 银 1 铜。从表 2-38 和图 2-11 中我们可以看出，古巴队凭借高超的技战术，获胜场次中得点均值最高，达（19.44±3.41）点，场均差值也最大，为 8.63 点，这说明 2012 年伦敦奥运会拳击比赛中古巴队的攻防表现最佳，得点最多，失点最少。

由表 2-38、图 2-11 和图 2-12 我们可知，中国队无论胜负场次，得点均值最低，失点均值也最低，表现出进攻得点能力缺乏、防守保点能力较强的特点。

英国作为东道主，获胜场次中得点均值不高，失点均值却不低，失利场次中得点均值偏低、失点均值偏高，作为此届奥运会拳击项目排名第一的国家，这样的比分只能说明其整体实力一般，获胜的场次比分都非常接近。

乌克兰队在此届伦敦奥运会上获胜场次得点均值仅次于古巴，排在第二位，依然表现出非常强的进攻得点实力。

表 2-37　2012 年伦敦奥运会拳击项目积分排名前 10 的国家统计结果

积分排名	国家	拳手人数/人	获胜场次			失利场次	参赛场次	人均参赛场次	积分	人均积分	男子获得奖牌数				女子获得奖牌数				奖牌总计
			预赛	半决赛	决赛						金	银	铜	合计	金	银	铜	合计	
1	英国	10	15	4	3	7	29	2.90	32	3.20	2	1	1	4	1	0	0	1	5
2	俄罗斯	10	15	3	1	9	28	2.80	24	2.40	1	0	3	4	0	2	0	2	6
3	古巴	8	13	2	2	6	23	2.88	23	2.88	2	0	2	4	0	0	0	0	4

续表

积分排名	国家	拳手人数/人	获胜场次			失利场次	参赛场次	人均参赛场次	积分	人均积分	男子获得奖牌数				女子获得奖牌数				奖牌总计
			预赛	半决赛	决赛						金	银	铜	合计	金	银	铜	合计	
4	哈萨克斯坦	11	16	2	1	10	29	2.64	23	2.09	1	1	1	3	0	0	1	1	4
5	乌克兰	7	10	3	2	5	20	2.86	22	3.14	2	1	2	5	0	0	0	0	5
6	爱尔兰	6	10	2	1	5	18	3.00	17	2.83	0	1	2	3	1	0	0	1	4
7	中国	9	9	2	1	8	20	2.22	16	1.78	1	0	0	1	0	1	1	2	3
8	美国	12	7	1	1	11	20	1.67	12	1.00	0	0	0	0	1	0	1	2	2
9	意大利	7	8	2	0	7	17	2.43	12	1.71	0	2	1	3	0	0	0	0	3
10	巴西	10	10	1	0	10	21	2.10	12	1.20	0	1	1	2	0	0	1	1	3

表 2－38　2012 年伦敦奥运会拳击项目部分国家得失点情况统计表

国家	胜负		得点	失点	差值	胜负		得点	失点	差值
乌克兰	胜	均值	18.40	11.73	6.67	负	均值	13.00	16.60	－3.60
		标准差	4.15	5.85	4.61		标准差	3.67	4.51	0.83
古巴	胜	均值	19.44	10.81	8.63	负	均值	12.83	15.67	－2.84
		标准差	3.41	3.29	5.23		标准差	2.48	2.73	0.25
哈萨克斯坦	胜	均值	16.74	9.95	6.79	负	均值	12.30	16.90	－4.60
		标准差	3.36	3.37	4.37		标准差	2.21	4.75	2.53

续表

国家	胜负		得点	失点	差值	胜负		得点	失点	差值
俄罗斯	胜	均值	16.79	10.21	6.58	负	均值	11.11	14.89	-3.78
		标准差	3.78	2.84	4.53		标准差	2.26	3.06	0.80
英国	胜	均值	15.45	11.36	4.09	负	均值	11.18	16.91	-5.73
		标准差	3.16	3.77	3.10		标准差	4.49	4.04	0.45
中国	胜	均值	14.55	9.91	4.64	负	均值	10.13	14.13	-4.00
		标准差	3.39	3.30	3.59		标准差	3.23	2.36	0.87

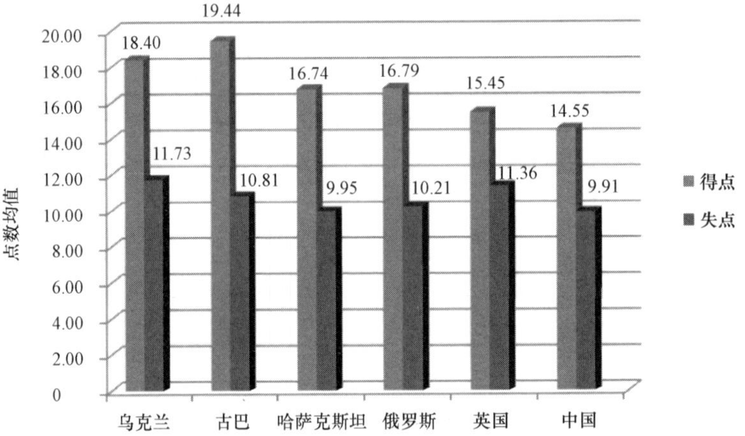

图 2-11　2012 年伦敦奥运会拳击项目部分国家获胜场次得失点图

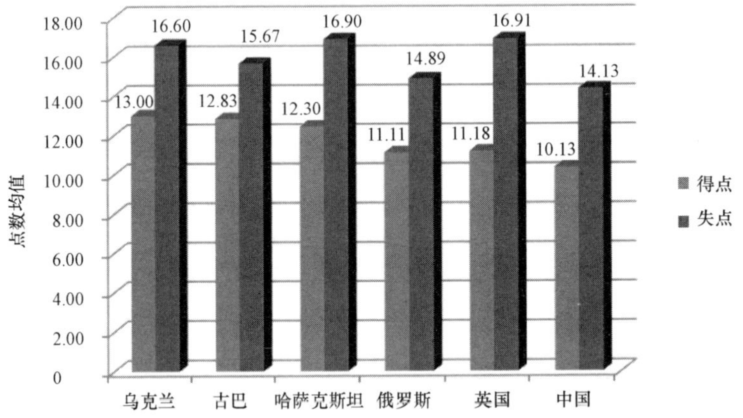

图 2-12　2012 年伦敦奥运会拳击项目部分国家失利场次得失点图

二、重点运动员个人打法类型比较分析及应对策略

（一）邹市明：男子 49 公斤级

战术特点分类：以防守反击为主的全面型运动员、击打时机合理、击打准确有力、防守方式灵活多变。

新计分系统下存在的主要问题：年龄和伤病等因素导致训练不够系统，体力有所下降，专项能力明显不如以前，在防守过程中减少了移动和摇闪，而是更多利用格挡或对攻的方式。对攻是一把双刃剑，在损失体力的同时不可控制因素太多，在没有落后或大比分领先的情况下不宜采用。新计分系统下，被动格挡防守是最容易丢点的一种防守方式。

应对策略：

重视开局，力争第 1 回合领先，抢点时注意对手连续出拳的反击，机会不好时要有耐心。

水平相当、比分胶着时，可采用多出轻快拳的方法，结合节奏变换，尝试不同进攻手段。

注意保存体力，第 1 回合减少组合拳连续进攻的方式，除非有非常好的扩大比分的机会。

攻防转换过程中，可采用摇闪加格挡的防守方式，切忌反复使用单一防守的方式。

切记不可抱头封闭防守，尤其在围绳边角处，可摇闪走开或者滑步两侧闪躲。

避免被动格挡防守，格挡应该在主动的情况下进行，格挡之后一定要有相应的动作，包括反击或者摆脱。

落后时避免远距离扑打，利用围堵技术和反复进攻的能力寻找连续进攻的机会。

遭遇拼打进攻型的对手时，破坏对手连续的节奏，防守方式主动多样，综合应用贴抱摆脱。

（二）常勇：男子 52 公斤级

战术特点分析：以积极主动进攻为主的拼打型运动员、体能出众、击打连续有力、防守方式比较单一。

新计分系统下存在的主要问题：容易盲目拼打，没有节奏变化，见着机会就出拳，导致失点过多，心理不够稳定，尤其落后时容易急躁，打法简单。

应对策略：

重视开局，主动做动作，但要避免盲目拼打，少丢点，多观察、分析对手，力争第 1 回合领先；抢点时注意对手连续拳的反击，机会不好的时候要有耐心。

水平相当、比分胶着时，可采用多出轻快拳的方法，结合节奏变换，尝试不同进攻手段。

多利用步法消耗对手体力，适当增加组合拳连续进攻。

攻防转换过程中，可采用摇闪加格挡的防守方式，切忌反复使用单一防守的方式。

切记不可抱头封闭防守，尤其在围绳边角处，可摇闪走开或者滑步两侧闪躲。

避免被动格挡防守，格挡应该在主动的情况下进行，格挡之后一定要有相应的动作，包括反击或者摆脱。

落后时避免远距离扑打，利用围堵技术和反复进攻的能力寻找连续进攻的机会。

遭遇身高臂长的防守反击型对手时，利用摇闪缩短和对手的距离，利用连续进攻的机会和能力，加快进攻的节奏，提防对手采用贴抱摆脱的方法。

进攻切忌盲目拼打，建议主动创造机会后反复连续进攻及单拳强攻后反复交叉进攻。

多听从场下助手的指令，清醒冷静地处理场上问题。

（三）刘强：男子 60 公斤级

战术特点分析：反架、抢点加反击的打法，控制距离能力较强；防守多采用格挡和移动的方式。

新计分系统下存在的主要问题：体力一般，缺少节奏变化，打法简单，防守方式比较单一，出拳不够主动连续，拼打能力一般。

应对策略：

重视开局，主动做动作，少丢点，多观察、分析对手，力争第 1 回合领先；抢点时注意对手连续拳的反击；机会不好的时候要有耐心。

水平相当、比分胶着时，可采用多出轻快拳的方法，结合节奏变换，尝试不同进攻手段。

主动寻找机会，适当增加组合拳连续进攻。

攻防转换过程中，可采用摇闪加格挡的防守方式，切忌反复使用单一防守的方式。

切记不可抱头封闭防守，尤其在围绳边角处，可摇闪走开或者滑步两侧闪躲。

避免被动格挡防守，格挡应该在主动的情况下进行，格挡之后一定要有相应的动作，包括反击或者摆脱。

落后时避免远距离扑打，切忌跟随对手的节奏，利用重拳接组合拳的方法，寻找连续进攻的机会。

遭遇身高臂长的防守反击型对手时，利用摇闪缩短和对手的距离，利用连续进攻的机会和能力，加快进攻的节奏，提防对手采用贴抱摆脱的方法。

进攻切忌盲目拼打，建议主动创造机会后反复连续进攻及单拳强攻后反复交叉进攻。

多听从场下助手的指令，清醒冷静地处理场上问题。

（四）孟繁龙：男子 81 公斤级

战术特点分析：抢点加反击的打法；技术比较全面但特长不是十分突出；体力好，能力强；防守多采用格挡和移动的方式。

新计分系统下存在的主要问题：技术不够全面，中、近距离技术单一；快速移动的能力差，抢拳、迎击拳的能力差；出拳不够主动连续，拼打能力一般。

应对策略：

加强连续主动出拳能力的训练。

加强节奏变化的训练。

注意防守方式的组合应用，多进行脚下移动的训练。

比赛中注意体力的合理分配。

结合进、退步出拳，增加击打和控制范围，减少原地做动作的次数。

（五）王玄玄：男子 91 公斤级

战术特点分析：有拼劲；反复能力好；距离控制很好；速度快；防守多采用格挡和移动的方式。

新计分系统下存在的主要问题：体重轻、力量小；缺少节奏变化；组合拳连贯性一般；防守方式比较单一，格挡防守运用少；出拳不够主动连续，拼打能力一般。

应对策略：

加强连续主动出拳能力的训练。

加强节奏变化的训练。

注意防守方式的组合应用。

（六）张志磊：男子 91 公斤以上级

战术特点分析：以防守反击为主，综合能力较强；控制距离长，后手拳较好；防守方法单一。

新计分系统下存在的主要问题：体重大；移动能力差；组合拳连贯性一般；防守方式比较单一；出拳不够主动连续，拼打能力一般。

应对策略：

主动出拳、控制距离。

注意出拳的力量和效果。

对手将要进行攻击时抢打组合拳。

防守时避免直线后退，注意后退式格挡防守的高度。

丰富主动进攻的方法，提高主动进攻的能力。

三、针对新计分系统的训练方法

关于新计分系统的研究结果证明，必须通过训练来使运动员适应新计分系统。训练主要从 4 个方面进行：一是针对运动员的运动技能进行训练，以提高其进攻和防守能力；二是对重点运动员的习惯动作和打法进行优化；三是针对运动员运动能力的训练，以适应新计分系统的需要；四是模拟实战演练。

（一）针对运动员运动技能的训练方法

1. 动作连贯性和协调性训练

目的是提高运动员有效击打过程中连续得点和避免连续失点的能力。

训练方法：步法训练、素质循环训练、技术手靶训练。

训练措施：每周 2 次，训练过程中强调连续能力和协调性的重要性。

2. 重拳或组合拳连续进攻训练

目的是提高运动员主动进攻得点的能力，提高其攻防转换的能力。

训练方法：沙袋、技术手靶训练，实心球推墙、拖力跑等。

3. 近距离边打边防训练

目的是提高运动员高强度近距离对抗过程中的对抗能力和防守能力，尽量提高运动员在高强度对抗中的抗击打能力。

训练方法：近距离发力沙袋、强度对练车轮战、手靶摇闪反击训练。

4. 进攻或闪躲之后的防守技术训练

目的是提高运动员的防守能力，正确选择防守方法。

训练方法：技术手靶训练、步法训练、格挡技术训练及反击技术训练。

5. 压迫紧逼下组合拳进攻训练

目的是在运动员落后的情况下提高其进攻效率，包括应用围堵技术、压迫强攻技术等。

训练方法：技术手靶训练、模拟陪练、实战训练。

（二）对重点运动员的习惯动作和打法进行优化的训练

1. 改变进攻之后单一格挡防守的习惯

在旧计分系统下，运动员经常采用单一格挡防守的方式进行防守。在旧计分系统下，这种防守方式不易丢分，而在新计分系统下，应用这种防守方式很容易通过累计小点而丢分，因此运动员必须改变这种防守习惯，主动变换防守方式，减少由计分系统改变所带来的点数丢失。

2. 减少搂抱、推搡等习惯动作

新计分系统是在贯彻主动进攻、提高比赛强度、增加比赛观赏性的理念下产生的。IABA 针对比赛过程中习惯采用搂抱、推搡及开掌等动作的运动员要进行严罚，运动员如果因为这样的技术动作失点的话得不偿失。因此运动员在训练过程中必须重视这些细节，改变这些习惯动作，以适应新计分系统，减少被罚点的情况。

（三）针对运动员运动能力的训练

1. 针对反复连续出拳能力的训练

在训练过程中，可以增加运动员连续出拳的次数，提高其反复连续出拳的能力，在训练中运用运动计数器来统计不同训练方法中的出拳次数，以此来量化运动员的出拳能力，以帮助运动员不断提高相关能力，为教练员评估训练效果提供参考。

在强度手靶训练过程中，运动员在出拳次数上表现出非常大的差异，这也是运动员专项能力差异的体现。2012 年伦敦奥运会赛前，针对这方面的能力国家拳击队运动员进行了为期 6 周的强化训练，以在新计分系统下保证高强度的对抗。

2. 针对反复能力、二次防反能力的训练

我国拳击运动员单纯与欧美拳击运动员比力量、拼对抗并非明智的选择，只有在具备一定基础的前提下，利用击打的时机并控制距离才能有效制约对手。为此，教练员应在赛前备战阶段，采用强度手靶、沙袋和车轮战的训练方法提高运动员的反复能力和二次防反能力，同时提高运动员的专项攻防能力。

（四）模拟实战演练

在提高专项技术和能力训练的后期开始加入模拟实战演练等战术训练内容，针对新计分系统的需要，除每周六的正常实战安排之外，可增加实战演练安排。

1. 比分领先的情况

针对对手紧逼和快节奏拼打进攻的情况所采取的应对办法包括

步法的两次移动摆脱、主动贴近后的左右移动、假逼战术的使用及格挡闪躲等技术的应用。

2. 比分落后的情况

针对对手领先之后采用的移动反击和破坏距离等手段，采用重拳结合闪躲后连续进攻，抱头紧逼后的组合拳进攻，压迫紧逼对手到围绳边角的方法，提高比分落后之后进攻的效率，切忌使用盲目拼打和单拳强攻及远距离扑打的方法。

3. 应对拼打型运动员

针对反复能力强、力量大的拼打型运动员，应该破坏对手的节奏，多采用先打强攻、防守后反击及用步法破坏对手节奏的办法控制对手，同时利用对手急躁的心理调动对手，切忌跟着对手的节奏与之拼打对抗。

4. 应对移动反击型运动员

针对身高臂长、擅长移动反击的运动员，多采用主动连续进攻的方法，不盲目拼打，针对对手的特长，灵活应对。

四、新计分系统对临场指挥的影响及应对策略

（一）比赛过程中比分显示形式的影响及应对策略

新计分系统下的比分显示形式不利于教练员即时掌握场上比分情况，无法准确根据比分情况随时制定相应战术。教练员应与运动员充分沟通交流，针对新计分系统的比分显示形式，整体上应该采用以下策略，并且在训练和比赛中不断磨合应用。

1. 整体策略

充分了解新计分系统的特点；

充分掌握运动员和对手的打法特点；

掌握增点的办法；

使运动员避免快速丢点；

准确判断场上形势，解读比赛进程。

2. 临场指挥的应对策略

多鼓励运动员积极主动应对比赛；

指导运动员掌握场上的主动权；

随时提醒场上运动员少做错误的习惯动作，避免连续快速失点；

尽快找到对手的习惯动作和快速丢点的习惯打法；

清楚大分相同的情况下，小点累计分值高，按照与前一回合相同的打法，具有迅速增分的条件；

清楚高的点数先期虽被删掉，但随后多出拳会出现迅速增分的有效点效应；

随时告知场上运动员比赛剩余时间；

回合间帮助场上运动员分析对手特点；

比赛临近结束时，提醒运动员小比分领先时移动或者抱头保点很危险。

（二）针对新计分系统，国外场外教练员团队的应对方法

报点方式最突出的是俄罗斯队，有专人负责用望远镜看比分，并用手势通知场上助手；土耳其队的场外教练员来自古巴，也非常关注即时比分。不过，由于 2012 年伦敦奥运会电脑显示屏被遮挡，他们的这种方法没有发挥作用。

小 结

国家拳击队复合型科研保障团队是拳击运动员奥运备战的有力保障，笔者作为邹市明复合型科研保障团队的代表，以科研教练员的身份已经保障邹市明参加了三届奥运会，对其技战术打法、身体机能非常了解，还基本掌握了国内外形势、拳击项目的制胜规律和特点，能够将研究的结果第一时间应用到训练和比赛之中，参与邹市明训练计划的制订和实施，帮助教练员分析邹市明主要对手的特点，并结合新计分系统的特点进行针对性分析，提出相应的解决方案。

在 2012 年伦敦奥运会上，邹市明在技战术特点被多年的对手熟知的情况下，在多名强大对手的多轮冲击下，利用自身的经验及对新计分系统的熟知和掌握，很好地掌握了场上的主动权，基本避免了新计分系统带来的不利影响，实现了中国拳击运动在奥运赛程的首次卫冕，为继续卫冕世锦赛和蝉联奥运会冠军奠定了坚实的基础。

第三章

邹市明备战 2012 年伦敦奥运会的科学训练实践

第一节　邹市明备战 2012 年伦敦奥运会的科学训练概述

一、奥运备战新问题和新挑战

邹市明是我国拳击项目男子 49 公斤级运动员，备战 2012 年伦敦奥运会时年龄 31 岁，是第 3 次参加奥运会，曾获得 2004 年雅典奥运会铜牌和 2008 年北京奥运会金牌；参加世锦赛 4 次，获得 3 枚金牌和 1 枚银牌；参加亚运会 3 次，获得冠军 2 次。

邹市明作为中国拳击运动的领军人物，在 2008 年北京奥运会上夺得中国拳击运动首枚奥运会金牌之后，31 岁的他在 2012 年伦敦奥运会的卫冕之路上会面临诸多困难和挑战。与参加 2008 年北京奥运会时相比，他备战 2012 年伦敦奥运会时体能下降、身体机能减退、恢复速度变慢，并且饱受长期大强度训练所导致的伤病的折磨。如何在这种情况下使其保持竞技能力、减少伤病对训练和比赛的影响、提高训练效果、增加对训练和比赛的热情等，是他、也是整个国家拳击队所面临的难题。

在邹市明备战 2012 年伦敦奥运会的训练过程中，教练员团队在解决上述问题时结合实际训练情况，认真分析其存在的主要技战术、体能、伤病和恢复、体重控制、心理问题，确定其竞技能力的影响因素，并试图找到解决问题的方法和手段；分析邹市明主要对手的技战术特点并结合邹市明的具体情况制订相应的训练计划和方案。

二、科学训练监控的目的和意义

在备战 2008 年北京奥运会的过程中，邹市明的科研保障团队在国家体育总局拳击跆拳道运动管理中心领导的支持和帮助下，在教练员、运动员的密切配合下，针对拳击项目特点和训练指导思想，深入探讨了拳击项目的制胜规律，对拳击运动员专项体能训练、体重控制及营养调控、技战术等方面有了一定的认识，这些都为 2012 年伦敦奥运会重点运动员的科研保障奠定了坚实的基础。

国家拳击队在 2008 年北京奥运会上取得了 2 枚金牌、1 枚银牌和 1 枚铜牌的骄人战绩，单项排名跃居世界第一，完成了“金牌突破”的既定目标，实现了历史性突破。但这并不意味着 2012 年伦敦奥运会就能成为 2008 年北京奥运会的辉煌延续，2012 年伦敦奥运会国家拳击队面临新的问题、新的挑战。因此，针对邹市明备战 2012 年伦敦奥运会主要问题的对策研究就显得尤为必要和重要。这也是对 2008 年北京奥运会科研保障工作成果的再次检验，同时更是为邹市明奥运卫冕保驾护航。可以说，邹市明 2012 年伦敦奥运会的卫冕之战是艰苦的，所面临的问题也是尖锐的。

在国家拳击队科研保障团队的统一协调下，邹市明的科研保障团队经过不懈的努力，最终助力其经受住了备战过程中的各种困难与挑战的考验，实现了 2012 年伦敦奥运会的卫冕，积累了宝贵的财富。

第二节　制约邹市明竞技能力关键问题的解决方案

一、制订伤病的诊治与康复方案

（一）症状和诊断

1. 自觉症状及病史

跟腱疼痛 3 年，踝关节疼痛 8 个月，高强度训练后腰部疼痛，严重时在训练后正常走路时踝关节出现疼痛，有明显的压痛点。

2. 诊断

通过上海华山医院陈世益教授组织的专家会诊，明确了诊断。

诊断：右距骨骨软骨损伤（骨软骨病早期）、右跟腱腱病。

诊断依据：磁共振成像。

（二）治疗方案

日常药物治疗。

周一、周三、周五下午训练之后进行短波或微波、超声波治疗。

训练过程中佩戴保护支持带。

中医按摩和中药泡脚。

（三）康复方案

结合训练安排和伤病恢复情况，每周进行 1～2 次康复体能训练，包括踝关节各个角度的抗阻训练，进行 3 组，每组 20 次。例如，踝关节稳定性训练；空击或者手靶训练；腰腹肌瑞士球训练，拉伸训练等。

（四）伤病防护手段和应急预案

拳击运动具有较强的身体对抗性，运动员以出拳击打对手得点为目的，因此拳击运动员的掌指关节在击打的过程中比较容易脱位甚至骨折。而且拳击运动员的鼻软骨也容易发生骨折。

拳击运动员比较容易出现软组织损伤，包括拉伤、开放性损伤、闭合性创伤、肌肉痉挛和肌肉疲劳等。拉伤是肌腱过度伸长而造成的肌腱破坏性损伤，肌肉痉挛是肌腱收缩后没有恢复到原始状态而处于具有张力的收缩状况，通常表现为肌肉疼痛、紧张、触摸肌肉成条索状、质硬、弹性差等。拉伤和闭合性创伤发生时运动员会立即出现不同程度血肿，或伴有气肿，出现该类损伤后应立即采用冰敷疗法，冰敷时间一般为 10～15 分钟。开放性损伤在头、面部较为常见，伤后应立即进行缝合处理。

此外，拉伤是肌肉组织的破坏性损伤，出现拉伤时，严禁按摩牵拉，防止加重病情。运动员在拉伤出现 24 小时内主要以冰疗为主，24 小时后可以针灸，用理疗仪器活血止痛，按摩手法以轻快为宜。

科研保障团队应结合邹市明多年的训练情况，分析其训练和比赛期间出现过的伤病，针对容易出现的伤病制订相应的应急预案。

首先，做好准备活动。由于多年参加运动训练，邹市明每天都要进行准备活动，出现明显的厌倦情绪，因此在训练课之前应采取多种主动和被动的方式进行拉伸，使身体、肌肉和关节预热起来，尽快适应训练的需要，力争减少准备活动不足所造成的伤病。

其次，训练后的放松应成为训练的重要部分。训练导致邹市明极度疲劳，以至于多次想尽快结束训练回到房间休息，此时邹市明应多采用被动拉伸放松的方式促进恢复。

再次，如果其出现伤病，应尽快诊断，明确伤病性质和治疗方法。

二、建立个性化训练方法和训练体系

为了使邹市明保持竞技能力，科研保障团队应结合邹市明的技战术特点、体能和心理等诸多因素，采取有针对性的训练方法和训练手段，并结合科学训练监控提高其训练效果，形成个性化的科学训练方法和训练体系。

（一）备战训练指导思想

从拳击项目的制胜规律出发，继续贯彻实施我国拳击项目发展的六字方针“快、全、连、变、准、控”；从实战出发，加强科学化训练，真正做到有的放矢，实现突破。

（二）备战训练原则与目标

在 2011 年巴库拳击世锦赛上第 3 次取得世锦赛冠军并获得 2012 年伦敦奥运会资格之后，邹市明在备战训练初期以踝关节的康复治疗为主，兼顾基础体能训练。根据邹市明的具体情况，本阶段应尽量延长，力争康复治疗效果最大化。冬训阶段的训练原则是在不加重踝关节疼痛的基础上进行专项体能训练，为大强度专项训练奠定基础。冬训之后的训练原则是在加强踝关节保护的情况下进行大强度、大负荷训练，以快速提升邹市明的专项体能和竞技能力。与此同时，通过“以打代练，以练促打”全面提高对抗能力，切实达到“技术全面、特长突出、体能出众、作风顽强，心理素质过硬”衡量优秀拳击运动员综合竞技实力的 5 个目标。

（三）教练员的责任

张传良作为备战 2012 年伦敦奥运会拳击项目国家队总教练，带领教练组主抓邹市明的训练，同时全面负责国家拳击队训练计划的制订、实施。

（四）训练计划的制订

1.训练日程安排

训练日程安排如图3－1所示。

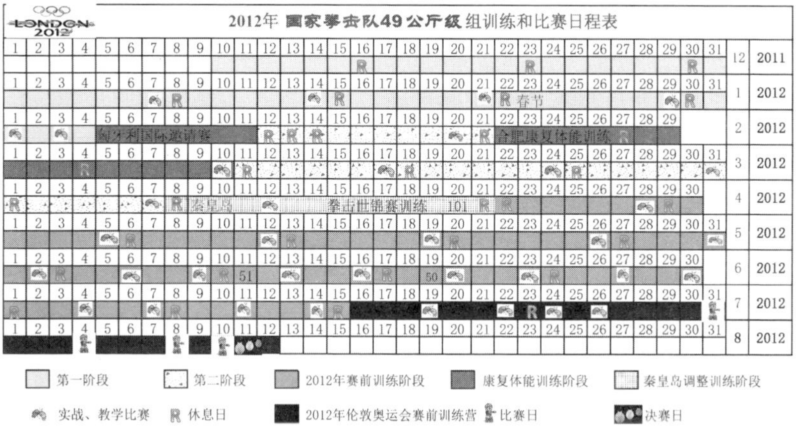

图3－1　2012年国家拳击队49公斤级组训练和比赛日程安排

2. 各个阶段的训练内容和目标

（1）积极恢复阶段

利用2个月的时间进行调整，主要任务是治疗跟腱和脚踝的伤病，每天进行以有氧运动为主的训练，为随后冬训阶段的强度训练做好准备。

（2）冬训阶段

利用3个月的时间进行体能和专项能力的训练，以脚下能力训练为主，注重连续能力和反复能力的训练。

（3）赛练结合阶段

利用1个月的时间参加一些国际比赛，检验冬训的效果，进行针对性的战术训练和情景模拟训练。

（4）赛前准备阶段

利用2个月的时间查漏补缺，做好赛前技战术、体能、心理等方面的准备，并根据主要对手的情况进行针对性训练。

（五）个性化训练的实施

根据伤病情况随时调整训练内容。

1. 治疗及康复阶段

在上海训练 8 周，每天以基础素质训练为主，为随后冬训阶段的强度训练及技战术改变做好准备。由于踝关节伤病，跑步和步法训练很少，目的是保障踝关节伤病的治疗效果。

2. 提高专项技术和体能训练（冬训）阶段

在海口训练 12 周，减少专项力量训练，增加专项技术和体能训练。结合邹市明的体能和伤病情况，张传良教练努力丰富邹市明的技战术打法。科研保障团队紧紧围绕这一训练思路，加强对训练强度和恢复情况的监控，在增加体能训练的同时严密观察其脚踝的情况；对技术训练环节进行录像跟踪，帮助邹市明更好地了解自己对技战术的掌握情况。经过在海口的训练，邹市明在基本完成既定训练任务的同时，脚踝伤病也有所好转。

3. 提高有氧能力和专项耐力训练阶段

在合肥训练 3 周，邹市明由于脚踝伤病始终不能进行跑步等全身有氧、无氧耐力训练。在安徽省体育科学技术研究所相关人员的帮助下，邹市明在安徽合肥利用太空舱跑步机和手摇功率车进行了为期 3 周的体能训练，有效地解决了上述始终困扰教练组的难题，收到了很好的效果，为奥运会赛前一百天的训练奠定了良好的基础。

4. 综合专项技术和体能的大强度训练（赛前专项竞技能力训练）阶段

在贵州清镇训练 10 周，邹市明由于伤病等，之前的训练并不十分系统，在经过冬训的体能铺垫之后，开始了综合专项技术和体能的大强度训练。虽然这样的训练会对踝关节造成影响，但这个阶段也是保障邹市明进行高强度连续比赛的必要阶段。

邹市明在本阶段训练过程中多次出现踝关节伤病加重的情况和其他意外情况，但整个教练组经受住了考验，及时调整训练计划和安排，加强医务监督和生理生化监控，出现问题后及时有效地处理，很好地完成了本阶段的大强度训练，为保障邹市明奥运会参赛的体能奠定了坚实有效的基础。

例如，在 2012 年 6 月 13 日下午的体能训练课中，在采用拖力跑的方法来强化蹬地能力和反复能力后，邹市明明显感觉踝关节疼痛加剧，经过及时常规处理两天之后仍不见改善，教练组及时召开会议商讨处理办法。经过商讨，他们及时调整训练计划，增加超声治疗密度，并由队医王均玉专门负责，队医朱德春专门负责训练前保护支持带的佩戴和训练后的泡脚，笔者进行药物治疗并全面负责协调。此后，邹市明的踝关节在奥运会前没有出现疼痛反复和加剧的情况。

在踝关节伤势加重的第 2 周，在高强度的教学实战训练中，邹市明右手拇指挫伤，出现关节肿胀疼痛，教练组及时叫停了训练，进行紧急处理，并在随后的一周调整训练计划，减少击打相关训练。在拇指挫伤 1 周后基本可以进行正常的训练时，邹市明在训练过程中又将脸撞破，及时到医院进行缝合处理，这时教练组处于最艰难的境地，邹市明由于脸伤无法进行对抗训练，由于手伤不能进行重拳训练，由于踝关节伤病不能做过多的步法训练。这些伤病敲响了警钟，邹市明必须在训练中再三小心，坚决杜绝注意力不集中、准备活动不充分、由于急于提高训练效果而增加单次训练量和训练强度的情况出现。在随后一个多月的时间里，邹市明在训练过程中没有再出现意外，踝关节伤病也得到了很好的控制，经过这个阶段的训练，邹市明的体能有了很大的提高。

5. 赛前战术演练及英国适应性训练阶段

在英国利兹训练1周。英国的气温与贵州清镇相比偏低一些，而利兹的气候与伦敦相近，国家拳击队跟随中国代表团参加了本次利兹训练营。由于训练场馆较远，教练组及时调整训练计划，将半天的训练安排在拳击馆，另外的训练安排在综合训练馆或者户外。经过为期1周的训练，邹市明的精神面貌和恢复情况很好，保证了以最佳竞技状态进入奥运村。

三、建立个性化训练的监控模式

根据训练计划及邹市明的具体情况，教练组有必要对训练进行科学、细致的监控，2012年伦敦奥运会赛前备战训练的监控重点主要包括冬训及赛前专项竞技能力训练这两个方面。

（一）冬训的科学监控

1. 冬训监控的目的、意义

拳击项目是一项高强度、双方运动员直接对抗的运动项目，要求运动员必须具备符合拳击项目特点的体能水平。运动员提高竞技能力依靠循序渐进、周期性、科学化的训练。目前，拳击项目在运动员训练和比赛过程中呈现3个基本特征：一是比赛的高度竞争化；二是训练的高度集群化；三是训练的高强度化。冬训是训练周期里非常重要的一部分，对于备战2012年伦敦奥运会的邹市明来讲，冬训尤为重要，应利用冬训努力提高体能水平，打好体能基础，以取得理想的比赛成绩。因此在冬训期间，运动员要进行科学有效的训练。在科学的训练理念的指导下，运动员承受一定的运动负荷后会产生相应的疲劳，经过恢复会产生相应的训练效应，因此多次适宜的负荷刺激才能使运动员的竞技水平提高一个层次。没有疲劳的训练是无效的训练，没有恢复的训练是危险的训练，因此拳击运动员训练期间的科学监控是十分必要的。

2. 冬训监控的方法和手段

冬训训练周期为 12 周，共分为 3 个阶段。前 2 周为冬训的准备阶段，主要进行有氧训练；第 3～9 周为大负荷训练阶段，目的是提高运动员的体能水平；第 10～12 周为体能转化技能阶段，以体能为基础提高技能水平。

在冬训前及大负荷训练阶段第 1 周周四和最后 1 周周四清晨，邹市明需空腹进行血液指标检测，包括红细胞计数、血红蛋白、红细胞比容、血小板计数、白细胞计数、睾酮、肌酸激酶等指标。

大负荷训练阶段的周训练计划中运动员至少有 2 节课在课程结束后进行尿液检测，检测指标包括葡萄糖、蛋白质、胆红素、尿胆原、pH、尿比重、潜血、酮体、亚硝酸盐、白细胞 10 项内容。

邹市明冬训阶段的强度手靶专项能力训练为 3 分钟 3 回合，在每回合结束之后即刻进行 10 秒的心率监测，3 回合结束后 1 分钟也要进行心率监测。

第 3～9 周的大负荷训练阶段是整个冬训的核心部分，训练的目标是提高运动员的体能水平。每周训练 6 天，其中周二、周四、周六训练半天，上午的训练包括一些技术训练和实战训练，下午的训练包括基础力量、身体素质和专项体能的训练，每周三下午进行大强度的力量训练和专项体能训练。

3. 冬训监控的分析

（1）冬训训练内容的比较分析

拳击比赛的强度大，要求运动员的训练强度一定要在比赛强度之上。要确保运动员在这种大强度训练下不出现运动性疲劳，在增加训练强度的同时提高自己的综合实力，合理地安排冬训成为冬训前的重中之重。

对于年龄偏大、训练不是十分系统的邹市明来说，冬训无疑是提高综合能力的最佳时机，是提高专项能力的关键环节。邹市明的技战术水平已经达到国际领先，因此本次冬训中教练组通过调整各训练环节的比例，减少技术训练，增加专项体能训练及身体素质训练来帮助邹市明有效地提高专项体能水平。

冬训最主要的是在保障运动员基础体能的基础上提高运动员的专项体能，拳击运动员的专项体能主要包括速度素质、力量素质、耐力素质、柔韧素质和灵敏素质。

由图 3-2 我们可以看出，冬训大负荷训练阶段以体能训练为主，其中专项体能训练所占的比例最大。整个冬训的目标是通过一段时间的训练提高拳击运动员的专项体能水平。

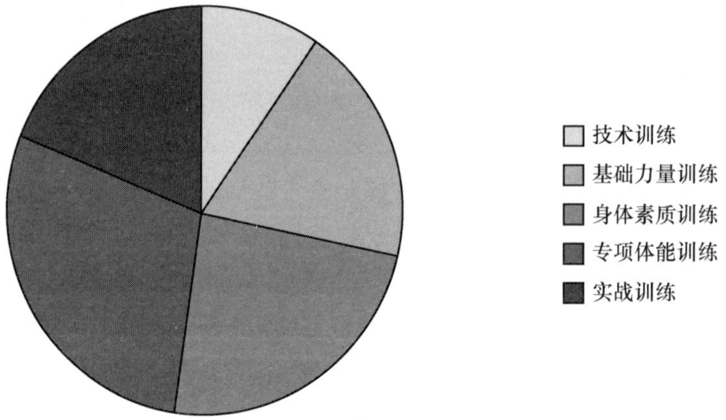

图 3-2　冬训大负荷训练阶段各训练内容所占比例

由图 3-3 我们可以看出，冬训期间的训练安排和非冬训期间的训练安排有很大的不同。对于拳击项目来说，无论是在冬训期间还是非冬训期间，实战训练和专项体能训练所占的比例都比较高，这体现了拳击项目的特点，同场对抗类项目注重比赛中的瞬息万变，所以训练必定包含实战训练；拳击项目对运动员的专项体能要求较高，因此专项体能训练在各个训练周期都是重中之重。从冬训期间和非冬训期间各项训练内容所占比例我们可以看出，非冬训期间的训练注重实战训练、专项体能训练和技术训练，相比之下，身体素质训练和基础力量训练所占比例较低。非冬训期间的训练目的是在专项体能的基础上，重点提高运动员的技术水平和实战能力，以便更好地参加比赛，从而取得优异的成绩。冬训则将重点放在专项体能训练、身体素质训练、实战训练和基础力量训练上，以技术训练为辅。利用一段比较完整的时间重点提高邹市明的专项体能水平，可以为其良好的技战术水平的发挥打下坚实的基础。

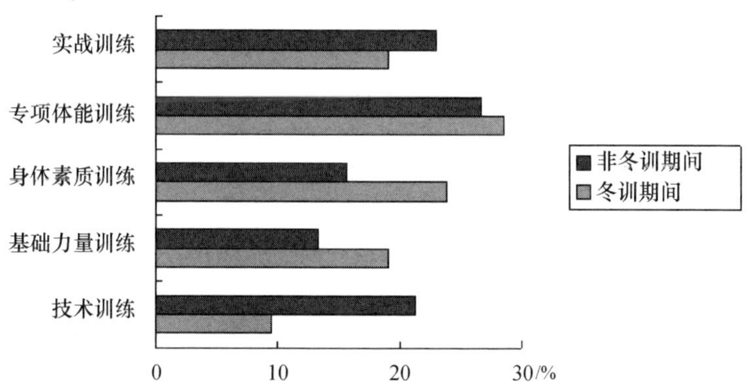

图 3－3　冬训期间与非冬训期间的训练安排对比

（2）冬训期间针对大强度训练课的疲劳监控

在邹市明多年的训练中，一堂训练课一般由 2～3 个强度组成，清楚地了解和掌握在大强度训练课后的疲劳积累程度，可以为教练员做出正确判断并及时调整训练安排提供理论依据。教练员通过监控掌握一堂课的训练量和训练强度对机体的刺激情况，判断疲劳的发生状况，为运动员高质量的训练奠定基础。

为了更清楚地掌握运动员大强度训练课后的机体反应，教练员在监控过程中加入了训练次日清晨的监控，目的是了解运动员疲劳发生后的恢复情况。

研究发现，运动员对尿液检测比较敏感。在运动训练中进行尿液检测可以评估运动训练的强度和训练量及运动员的身体机能状态，表 3－1 是邹市明冬训期间大强度训练课后尿液指标的变化情况。

表 3－1　邹市明冬训期间大强度训练课后尿液指标的变化情况

日期	葡萄糖/(mg/dL)	蛋白质/(mg/dL)	胆红素/(mg/dL)	尿胆原/(mg/dL)	pH	尿比重	潜血/(mg/dL)	酮体/(mg/dL)	亚硝酸盐/(mg/dL)	白细胞/(Leu/uL)
2011 年 12 月 22 日	正常	+－15	阴性	正常	6.5	1.025	阴性	＋15	阴性	阴性
2011 年 12 月 26 日	正常	+－15	阴性	正常	7.5	1.025	阴性	阴性	阴性	阴性
2012 年 1 月 2 日	正常	++ 100	阴性	正常	6.0	1.025	阴性	+－5	阴性	阴性
2012 年 1 月 4 日	正常	阴性	阴性	++	7.0	1.025	阴性	阴性	阴性	阴性

（3）针对身体机能的监测

在运动训练中，教练员需要清楚地掌握运动员在每一个训练阶段中最基本的身体机能状态，并根据运动员的身体机能状态和运动项目特点制订出有效的、有针对性的训练计划，合理安排训练内容，这样才能最大限度地提高运动员的身体机能水平，否则运动训练就存在盲目性，运动员的身体潜能难以在有限的时间内得到挖掘。

教练员利用生理生化指标对拳击运动员进行整体监控，是了解运动员身体机能水平、运动疲劳状况、运动训练恢复情况的科学依据，是科学化训练的重要组成部分。生理生化指标的监控有助于保证运动训练的效果，并使教练员及时发现训练中存在的问题，预防运动员过度疲劳的发生，从而最大限度促进运动员各项身体机能水平的提升，使运动训练得到科学的、可持续的发展。

教练员对相关指标进行监控，既可以了解运动员整体的身体机能水平，又可以了解本阶段训练中运动员的机能反应，因此教练员有必要进行生理生化指标监控，以全面了解运动员在大强度训练后的身体机能状态。

从表3-2中我们可以看出，邹市明冬训后恢复治疗阶段（2012年3月24日）的血红蛋白浓度比2011年巴库拳击世锦赛后恢复治疗阶段（2011年11月24日）明显降低，而肌酸激酶值达到536U/L，明显高于2011年巴库拳击世锦赛后恢复治疗阶段的数值。这说明冬训阶段的训练对邹市明的身体机能影响较大，教练员需要密切关注甚至调整训练计划，避免过度疲劳的发生。

表3-2　邹市明身体机能监控指标的变化情况

日期	红细胞计数/（10^12/L）	血红蛋白/（131～172g/L）	红细胞比容/%	白细胞计数/（10^9/L）	血小板计数/（10^9/L）	睾酮/（nmol/L）	肌酸激酶/（U/L）
2011年11月24日	4.73	156	46.20	9.34	212	12.50	108
2011年12月22日	4.67	153	44.20	6.07	219	13.50	188
2012年3月24日	4.27	142	41.10	5.45	—	12.33	536

邹市明此次冬训的训练时间基本保持在每周14～18个小时，整个训练计划中强度训练课的安排比较多。从一次强度手靶训练课上心率的监测情况我们可以看出运动员的心率在10秒内可超过30次，这直观地

反映出训练的强度。教练员在制订训练计划时，合理安排训练强度、训练量和训练时间，有助于提高运动员的身体机能水平；在训练时间相比过去缩短了将近一半的情况下，教练员应增加训练强度以提高训练的质量，同时应注重训练间隙的时间安排，以提高运动员的恢复质量。

（二）2012 年伦敦奥运会赛前专项竞技能力训练的监控

1. 本阶段监控的目的和意义

本阶段主要进行强化专项技术和专项体能的训练，强度训练以手靶训练和沙袋训练为主。由于前期康复治疗等诸多因素，本阶段的时间被压缩得较短，因此单位时间完成的强度较大，需要加强训练的科学监控。

2. 具体监控措施

大强度训练安排 6 次，每周 1 次。前 3 周邹市明基本上能保质保量完成，从第 4 周开始，邹市明的身体出现一些反应，训练后即刻尿常规检测尿蛋白++++，远远高于其他同练的重点运动员的检测结果。在及时调整训练安排，并加强恢复后，次日复查邹市明的该项指标基本正常。随后第 5 周和第 6 周同样出现尿蛋白++的情况，说明这种训练安排对邹市明机体的刺激还是很大的，训练次日尿蛋白的减少也应该是其逐渐适应的表现（表 3－3）。

表 3－3　邹市明大强度训练后即刻及次日尿常规检测结果（第 4～6 周）

日期	葡萄糖/(mg/dL)	蛋白质/(mg/dL)	胆红素/(mg/dL)	尿胆原/(mg/dL)	pH	尿比重	潜血/(mg/dL)	酮体/(mg/dL)	亚硝酸盐/(mg/dL)	白细胞/(Leu/uL)
2012 年 6 月 11 日	正常	++++ 1000	阴性	正常	6.0	>1.030	1.00	5	阴性	25
2012 年 6 月 12 日	正常	+–15	阴性	正常	6.5	1.025	阴性	阴性	阴性	阴性
2012 年 6 月 18 日	正常	++100	阴性	正常	7.5	1.025	0.06	阴性	阴性	阴性

续表

日期	葡萄糖/(mg/dL)	蛋白质/(mg/dL)	胆红素/(mg/dL)	尿胆原/(mg/dL)	pH	尿比重	潜血/(mg/dL)	酮体/(mg/dL)	亚硝酸盐/(mg/dL)	白细胞/(Leu/uL)
2012 年 6 月 19 日	正常	+–15	阴性	正常	6.5	1.025	阴性	阴性	阴性	阴性
2012 年 6 月 28 日	正常	++100	阴性	正常	7.0	1.025	阴性	阴性	阴性	阴性
2012 年 6 月 29 日	正常	+30	阴性	正常	7.0	>1.030	阴性	阴性	阴性	阴性

这段时间艰苦训练的效果在 2012 年伦敦奥运会上最终得到了检验，邹市明场场打硬仗，靠其丰富的经验和顽强的意志品质坚持到了最后，取得了最终的胜利。

第三节 邹市明备战过程中的体重控制和营养支持

2008 年北京奥运会之后，IABA 改变了竞赛规则，将原来的 2 分钟 4 回合更改为 3 分钟 3 回合，随着女子拳击项目进入奥运会，又将男子 48 公斤级调整为 49 公斤级。对于邹市明来说，每回合由 2 分钟改为 3 分钟，对其体能的要求更高。

针对邹市明的具体情况，营养师需要有效实施个性化的赛前体重控制和营养支持。

一、赛前体重控制

（一）分析邹市明的身体成分，制订体重控制方案

邹市明在 2011 年巴库拳击世锦赛上获得 2012 年伦敦奥运会参

赛资格后，在赛后调整期确诊踝关节损伤，康复治疗期间相关人士对其身体成分进行了认真细致的评估，利用皮褶厚度仪对其肱三头肌皮褶厚度和肩胛下部皮褶厚度进行测量，用间接法推测其体脂率；运用运动阻抗法对其身体成分进行测量，掌握其身体成分的特征，并参照2008年北京奥运周期的测试数据进行分析，为制订训练计划和体重控制方案奠定了基础（表3–4）。

表3–4　邹市明的身体形态和身体成分

指标	结果	指标	结果
年龄/岁	31.0	水分总量/公斤	34.1
身高/厘米	164.1	蛋白质/公斤	9.3
体重/公斤	50.8	无机盐/公斤	2.8
左紧张围/厘米	29.5	去脂体重/公斤	46.3
左放松围/厘米	27.0	脂肪量/公斤	4.5
右紧张围/厘米	31.0	骨骼肌重量/公斤	26.2
右放松围/厘米	28.0	体重指数	18.9
胸围/厘米	79.0	体脂肪率/百分比	8.9
腰围/厘米	69.0	适量体脂肪率/百分比	15.0
大腿围/厘米	45.0	腹部肥胖度	0.9
小腿围/厘米	32.5	适量腰臀脂肪比率	0.9
肱三头肌皮褶厚度/毫米	8.5	基础代谢率/（千卡/天）	1369.4
肩胛下部皮褶厚度/毫米	8.5	体脂肪控制量/公斤	4.4
体脂率/百分比	10.1	肌肉控制量/公斤	4.1

注：测量时间为2011年11月22日。

邹市明从1997年开始参加比赛，在国际大赛中没有更改过级别，2008年北京奥运会之前参加48公斤级比赛，之后参加49公斤级比赛。在十几年的时间中没更改过级别的拳击运动员很少见，这主要是因为运动员随着年龄的增长，身体成分发生了变化，体力下降，训练量和训练强度也发生了改变。

表3-5显示了邹市明不同时间接受测量的身体成分数据。2011年的数据是他刚参加完巴库拳击世锦赛之后测量得出的，而2008年的数据是在非赛期的训练过程中测量得出的。但是我们仍然可以看到，在这两次测量中，其体重没有变化，身体成分中增加较多的是去脂体重和水分，见图3-4和图3-5。

表3-5 邹市明身体成分变化对照

测量时间	2008年4月22日		2011年11月22日	
参赛级别	48公斤级		49公斤级	
体重/公斤 体重占比/百分比	50.8	100%	50.8	100%
去脂体重/公斤 去脂体重占比/百分比	44.6	88%	46.3	91%
水分总量/公斤 水分总量占比/百分比	30.3	60%	34.1	67%
脂肪量/公斤 脂肪量占比/百分比	6.2	12%	4.5	9%
蛋白质/公斤 蛋白质占比/百分比	8.7	17%	9.3	18%
无机质/公斤 无机质占比/百分比	3.0	6%	2.8	6%
体重指数	18.9	—	18.9	—

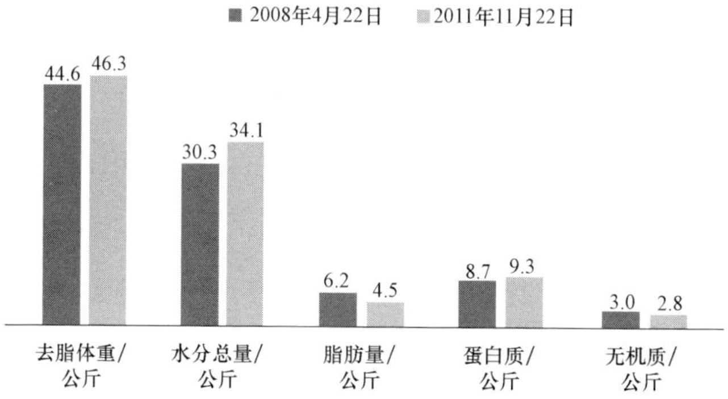

图3-4 邹市明身体成分变化对比图

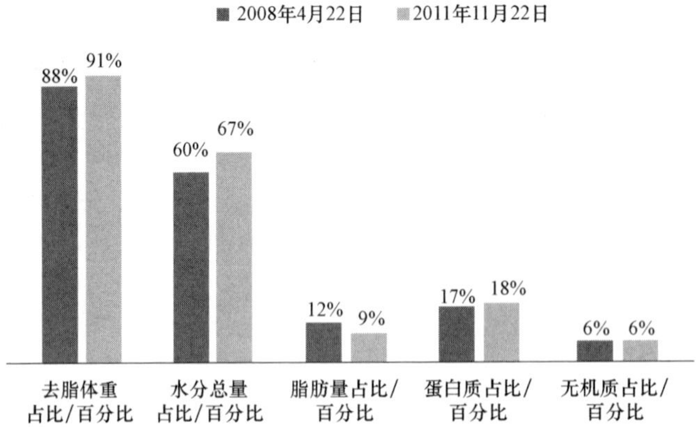

图 3-5 邹市明身体成分百分比变化对比图

虽然邹市明在 2008 年北京奥运会之后的训练并不是十分系统，但是其对体重控制还是非常重视的，在去脂体重及水分总量增加的同时，脂肪量却有所减少，因此，邹市明的整体体重没有太大的变化。

这种体重的保持有利于邹市明在比赛期间竞技能力的发挥，有利于其适应奥运会拳击项目赛程长的特点，有利于其调整身体机能和增强自信心。

（二）控体重模式的改变

由于踝关节伤病的出现，邹市明不得不改变以前通过大运动量训练的方式来控制体重的习惯做法，而采用其他方法来控制体重。

2011 年巴库拳击世锦赛之后邹市明确诊踝关节损伤，为了将伤病的影响降到最小，教练组经过商量决定在其备战 2012 年伦敦奥运会初期增加伤病康复时间，压缩大运动量、大强度训练的时间，这无疑为其控制体重带来新的问题。为此，科研保障团队为邹市明制订了新的体重控制方案：在不加剧踝关节活动的前提下，增加全身其他关节的主动活动，增加被动消耗的时间，适当蒸桑拿，并严格控制饮食。

体重控制方案改变后，邹市明的训练减少了步法的移动，加大了结合专项技术的腰腹训练量和训练强度，增加了原地手靶和沙袋训练的比例，用云步梯训练器代替了跑步机。

二、营养支持

营养师结合邹市明的体重情况和每周的监控结果，制订了相应的营养支持方案，并在备战阶段贯彻实施，包括以下几个方面。

严格规律饮食时间。

结合体重情况和训练内容，随时调整饮食结构，遵循在营养合理的基础上少而精的原则。

适当调整饮食习惯，减少辛辣多油食物的摄入。

重视营养补给，例行中药煲汤。

定期进行生化检查。

第四节　对对手的技战术分析和应对策略

一、邹市明参加2012年伦敦奥运会的对手资料

邹市明参加2012年伦敦奥运会的对手资料详见表3-6，其中1990年及以后出生的超过10人，邹市明的年龄排在第2位。

表 3－6　邹市明参加 2012 年伦敦奥运会的对手资料

姓名	国籍	出生日期	成绩	资格来源
比利·乔·沃德	澳大利亚	1993 年 7 月 16 日	2012 年大洋洲区奥运资格赛金牌	大洋洲
比然·扎基波夫	哈萨克斯坦	1984 年 7 月 7 日	2012 年亚洲区奥运资格赛金牌 2010 年第 16 届亚运会银牌 2009 年 IABA 总统杯金牌 2008 年 IABA 世界杯铜牌 2008 年 IABA 总统杯铜牌	亚洲
菲尔哈特·波哈利万	土耳其	1988 年 8 月 20 日	2012 年欧洲区奥运资格赛金牌	欧洲
亚利桑德·亚利克桑德罗夫	保加利亚	1984 年 10 月 31 日	2012 年欧洲区奥运资格赛银牌	
曼努埃尔·法比瑞罗卡帕伊	意大利	1992 年 10 月 9 日	2012 年欧洲区奥运资格赛铜牌	
帕特里克·布莱恩斯	爱尔兰	1987 年 4 月 9 日	2012 年欧洲区奥运资格赛铜牌 2010 年英联邦运动会金牌 2008 年奥运会铜牌	
穆罕默德·弗里斯	阿尔及利亚	1990 年 2 月 13 日	2012 年非洲区奥运资格赛金牌	非洲
阿布德拉里·达拉	摩洛哥	/	2012 年非洲区奥运资格赛银牌	
托马斯·埃松巴	喀麦隆	1987 年 12 月 2 日	2012 年非洲区奥运资格赛铜牌	
朱力亚诺·费尔南多·亨托·马奎那	莫桑比克	1993 年 8 月 18 日	2012 年非洲区奥运资格赛铜牌	
苏雷曼·提提	加纳	1992 年 8 月 18 日		
埃拉瓦迪·拉米	埃及	1989 年 7 月 31 日		

续表

姓名	国籍	出生日期	成绩	资格来源
詹东尼·奥蒂兹·马卡诺	波多黎各	1994年7月21日	2012年美洲区奥运资格赛金牌	美洲
卡洛斯·奎波	厄瓜多尔	1990年5月17日	2012年美洲区奥运资格赛银牌 2010年泛美运动会金牌	
卡洛斯·安东尼·苏亚雷斯	特立尼达和多巴哥	1993年6月6日	2012年美洲区奥运资格赛铜牌	
考夫·蓬帕里翁	泰国	1980年3月28日		2011年巴库拳击世锦赛前十名
大卫·埃拉皮坦	俄罗斯	1983年9月26日	2011年巴库拳击世锦赛铜牌 2009年米兰拳击世锦赛银牌	
开尔文·拉涅夫	西班牙	1986年8月28日	2010年欧洲男子拳击精英赛铜牌 2008年第2次欧洲区奥运资格赛银牌	
普雷夫多尔杰·赛尔达姆	蒙古	1985年4月18日	2011年巴库拳击世锦赛铜牌 2009年米兰拳击世锦赛金牌 2008年奥运会银牌	
尤斯瓦尼·维蒂亚	古巴	1992年3月12日	2010年青年拳击世锦赛铜牌	
申钟淳	韩国	1989年5月5日	2011年巴库拳击世锦赛银牌 2011年拳击亚锦赛金牌 2009年米兰拳击世锦赛铜牌	
莱什拉姆·德尔德·辛格	印度	/		
马克·安东尼·巴里加	菲律宾	1993年6月11日		
杰里米·贝克	法国	1990年9月22日	2008年青年拳击世锦赛铜牌	

二、形势分析

（一）传统拳击运动强国实力不容小觑

从近年的大赛来看，邹市明已经占据了本级别的霸主地位，古巴和俄罗斯这两个传统拳击运动强国始终虎视眈眈。它们拳击运动开展得早，且人才辈出，在实力非常强大的教练员团队的带领下，古巴和俄罗斯的拳击运动人才不断涌现。在 2008 年北京奥运周期，古巴三易主力，俄罗斯也两次换人，而且都实力不俗、势头强劲。

（二）主要对手备战投入力度大

作为主要对手之一的哈萨克斯坦选手比然·扎基波夫，与邹市明多次交手，在 2010 年第 16 届亚运会上负于邹市明获得银牌，但在 2012 年伦敦奥运会上仍具备一定的夺金实力。在 2011 年巴库拳击世锦赛亚洲区 6 个资格全部名花有主的情况下，哈萨克斯坦利用给 IABA 的无息贷款，又要得一个名额，可见哈萨克斯坦的投入力度非常大。其实，很多国家在临近奥运会时都加大了投入力度，备战形势十分严峻。

（三）对手年轻有冲劲

以韩国运动员申钟淳为代表的一批年轻、有冲劲的运动员迅速崛起，对邹市明进行过认真的研究和模仿，且不说拳法和技术风格方面，甚至连庆祝动作都一样。虽然在 2011 年巴库拳击世锦赛决赛中申钟淳负于邹市明，但是他年轻、体力好、熟悉邹市明，加之当时 IABA 秘书长是韩国人，在拳击界有着举足轻重的地位，这些都非常值得我们重视。

三、主要应对策略

第一，保证体能得到最佳恢复。作为 3 届世锦赛冠军得主，邹市明的技术水平已经被世界公认，在良好的体能状态下，几乎所有选手都很难战胜邹市明。因此，邹市明良好发挥技战术的重要条件就是具备充分的战胜对手的体能储备。

第二，结合自身竞技能力进行技战术创新。结合邹市明体能的下降和踝关节的损伤状况及新计分系统的应用，在张传良总教练的带领下，教练组对技战术进行了深入的研究，形成与之前有所区别的技战术打法，包括反架打法、闪躲和诱敌战术下的重拳进攻和防守反击技术。

第三，充分应用科研保障团队中王德新的“主要对手技战术特点和应对策略”的研究成果，针对每一名主要对手的详细情况进行应对分析，并在训练和实战中演练，利用手靶训练和模拟陪练的形式进行针对性训练。

第四，认真分析新计分系统对邹市明的影响，研究影响因素，提出应对策略，并在训练中进行演练。

第五节　比赛期间的个性化预案

一、2012年伦敦奥运会赛程解读

（一）赛前英国适应性训练阶段

2012年7月18日至7月25日参加英国利兹赛前训练营。

（二）比赛阶段（2012年7月26日入村）

奥运会开幕式当天（当地时间2012年7月27日）将例行参加面向所有运动员的医学检查和称重。

邹市明的赛程如下：

抽签决定7月31日和8月4日的比赛是在下午（13:30）还是在晚上（20:30）开始。

整个赛程是16天，打完全部比赛需要进行5轮角逐，7月31日（1/16）、8月4日（1/8）、8月8日（1/4）、8月10日（半决赛）和8月11日（决赛）为比赛日，其余时间为轮空休息日。

赛程比较规律，开幕式当天进行医学检查和称重后，1/16、1/8和1/4的比赛都是休息3天后进行的，49公斤级预赛将在各级别每轮比赛最后进行，决赛阶段将在各级别比赛最开始进行。

二、科研保障方案

（一）参赛科研保障存在的主要问题

赛程长，体重控制及营养补充的问题。

连续休息长，训练及休息的安排问题。

身体机能保障与恢复的问题。

对比赛对手等信息资料的收集、整理和分析问题。

训练、比赛恢复及伤病防治等问题。

（二）参赛科研保障的主要措施

全程监控体重和饮食状态，科学合理地控制好体重，最大限度保障体能。

拳击项目赛程长，运动员体重控制难度大，营养师需要根据具体赛程，结合训练计划和个人基础代谢情况制订4周阶段性控体重计划和每日控体重目标，以及营养补充计划。

监控竞技状态和身体机能。根据拳击项目比赛日程，运动员连续休息长，教练员需要结合运动员身体机能状态和体重情况科学合理控制训练的量和强度。

（三）重视心理问题和日常生活的安排

所有相关人员在将重心放在比赛的同时要高度重视日常生活安排对运动员的影响。

（四）比赛信息收集

尽快收集比赛相关信息；结合赛程，提供每场比赛中对手的资料和奥运会期间的比赛录像。

（五）对邹市明的监控方案

监控生理生化指标，根据需要检测尿常规。

监控训练和比赛恢复状况，重视对心率和血乳酸浓度的监控。

监控睡眠情况，测量晨脉。

监控并分析对手情况和比赛积分特点。预赛阶段 49 公斤级比赛靠后，有利于根据报名情况分析对手，有利于根据其他对手的比赛情况分析场馆特点和比赛中裁判员打分特点和尺度。

三、营养补充注意事项和反兴奋剂事宜的有关规定

国家拳击队重点运动员 2012 年伦敦奥运会比赛期间的营养补充注意事项和反兴奋剂事宜的有关规定如下。

（一）营养补充注意事项

在 2012 年伦敦奥运会期间，运动员营养品的管理和发放由专人全权负责，且每一位运动员配有专用杯和专用饮水壶。

（二）反兴奋剂事宜的有关规定

国家拳击队使用的所有药品和营养品由科研人员和医务人员负责保管和发放。

运动员不得擅自携带和使用自备的药品和营养品。

运动员药品和营养品的使用必须要有记录。

除了所提供的膳食之外，其他食品以及药品和营养品必须由

专人统一购买和发放，运动员不得擅自外出购买食品、药品和营养品。

奥运会期间不得摄入其他国家和个人提供的食品和饮料。

四、详细日程计划

2012 年伦敦奥运会拳击项目不同阶段的程序化方案见表 3－7 至表 3－9。

表 3－7　2012 年伦敦奥运会拳击项目赛前程序化方案

阶段	时间	内容	备注
比赛前一天	早晨	检查运动员的体重情况，确定最后的体重控制方案； 晚上睡前再称一次体重，以确保体重达标	负责人：责任教练员
医学检查及称重	由赛程决定	早晨起床后试称体重，体重未达标及时进行处理，达标后带好运动员身份信息、运动员注册证去指定地点； 建议：不要做剧烈运动； 医学检查：尽可能晚去； 比赛日：尽可能早去； 轮空日：不去	比赛和轮空情况由抽签结果决定 负责人：责任教练员
早餐	称重后	进食原则：先补充配置好的运动饮料，适当减少热量的摄入，所摄入的食物要多样化，减少蛋白质和脂肪的摄入，以补糖补水为主，多吃蔬菜和水果。摄食最好控制在 1 公斤以内，以 7 分饱为宜； 按营养补充计划补充维生素（由科研保障人员发放）	饭后散步 20 分钟以上
上午的训练		根据运动员体重情况进行以控体重为目的的针对性训练； 根据对手的情况进行针对性训练	训练时间为 1 小时
午餐	比赛前 3 小时	进食原则：根据体重情况决定摄入的量； 注意比赛期间的饮食结构，摄入体积小、重量轻、容易消化的食物； 避免摄入高脂和容易产气的食物，保证摄入足够的糖类	运动员餐前要进行体重检查 负责人：责任教练员

续表

阶段	时间	内容	备注
器材准备/午休	赛前2小时	准备好比赛服、拳击鞋、护齿（备用护齿）、护手绷带、比赛用水壶、比赛用毛巾、凡士林、速热膏、头盔、拳击手套； 检查鞋垫、鞋带	负责人：责任教练员
下午的训练		无比赛任务的运动员由主管教练员带领进行控体重训练或根据对手情况进行针对性训练	负责人：责任教练员
出发		有比赛任务的运动员结合具体路程和比赛次序决定出发时间（至少在比赛前1小时到达赛场）	
到达赛场后的准备工作		熟悉比赛环境，找好准备活动室、检录处、饮用水的存放处等，查看拳台质地和灯光情况，上厕所	

表3-8　2012年伦敦奥运会拳击项目赛中程序化方案
（7月31日，8月4日、8日、10日、11日）

阶段	时间	内容	备注
准备活动	赛前50分钟	助手到检录处检录 队医指导和帮助运动员拉伸全身的韧带，以颈部、肩部、腰部和腿部的韧带为主，穿比赛用的红、蓝角背心、短裤	10分钟 负责人： 责任教练员
营养补充	赛前45分钟	按计划有针对性地补充营养	负责人：科医人员
准备工作	赛前40分钟	打护手布，穿拳击鞋，检查护裆、护齿、鞋垫、鞋带、比赛用水和毛巾，然后做准备活动（包括空击和跳绳）	15分钟 负责人： 责任教练员
	赛前25分钟	打好护手布到检录处检录，盖章，接着戴拳击手套做手靶练习（找感觉），做完手靶练习马上穿好护裆	15分钟 负责人： 责任教练员
	赛前10分钟	检查拳击手套，戴头盔。助手带好护齿、比赛用水及毛巾，运动员进场后在场边休息，这时助手给运动员放松，使其紧张的情绪和身体得以舒缓，在上场前5分钟给运动员面部涂抹凡士林	10分钟 负责人：责任教练员和科医人员
比赛中	针对性方案见各级别组细案		

注：如有伤病，按照伤病预案处理；如果轮空，正常进行训练。

表 3-9　2012 年伦敦奥运会拳击项目赛后程序化方案

阶段	时间	内容	备注
营养补充	赛后 30 分钟之内	按计划执行	负责人：科医人员
比赛后的兴奋剂检测（大会）		比赛后要确定运动员是否要接受尿检，并严格按照有关程序完成好尿检工作	负责人：科医人员
观看对手的比赛	赛后 20 分钟	用录像机采集对手的比赛资料； 做好运动员的调理拉伸放松工作； 完成比赛的运动员尽快整理比赛器材，穿好干衣服，立刻了解下轮比赛对手的情况	负责人：科医人员和责任教练员
赛后的训练		结合运动员的体重和下轮比赛对手的情况，进行针对性训练	负责人：责任教练员
返回住地		洗澡、称重	
晚餐		注意饮食结构的平衡，饮食量由体重情况决定	
观看录像		观看对手比赛的录像：教练员看 5 遍，运动员看 5 遍，合看 2 遍（并进行探讨）	负责人：责任教练员
休息		积极性休息、按摩、放松	
营养补充	睡前	根据运动员的实际情况和需要补充营养	负责人：科医人员
睡觉	22:00	称重，洗漱后睡觉	负责人：责任教练员

第六节　个性化的赛前心理训练和赛中心理调控

奥运会比赛的激烈程度、其对竞技运动员的重要意义，以及拳击项目的特点，共同决定了从事拳击项目的运动员的心理状态特征对其良好竞技状态的保持和优异的表现的重要影响。邹市明是我国奥运会拳击项目的标志性人物，在 2008 年北京奥运会上取得了拳击项目金牌，并且在国际拳坛轻量级中具有重要的地位。在新的奥运周期，教练组系统监测邹市明的心理状态，发现问题、解决问题，对其再创辉煌、取得更大的成就具有一定的现实价值。本书的研究立足于对邹市明赛前心理状态的系统监测，发现其赛前存在的心理状态方面的问题，有助于教练组制订个性化的心理训练方案。在邹市明本人的配合下，教练组将心理训练融入其日常技战术训练，并制定有效的心理问题应对策略，以改善邹市明的心理状态、提升其心理机能、为其参加奥运会比赛提供科研保障。

一、邹市明 2012 年伦敦奥运会赛前的心理状态特征

（一）情绪状态特征

拳击项目赛程长、对抗激烈、复杂性高，这就要求拳击运动员具有良好的情绪控制能力。运用《竞赛状态焦虑量表》（CSAI－2），在 2012 年伦敦奥运会前 3 个月，我们对邹市明的赛前状态焦虑进行测试，可了解其情绪状态特征。测试结果显示，邹市明的躯体状态焦虑低于常模水平，状态自信心高于常模水平。这表明邹市明在此届伦敦奥运会前在焦虑的躯体特征上没有过多的表现，而同时又具有较高的自信心。但是，测试结果显示其认知状态焦虑要高于常模水平，这表明邹市明在此届伦敦奥运会赛前对比赛结果预期及社会评价具有较大的担忧（表 3–10）。那么邹市明在认知上具体担忧哪些问题呢？这是我们下一步进行心理辅导的工作基础。为此，我们运用《运动认知特质焦虑量表》（CCTAI）测试了邹市明的运动认知特质焦虑特征。测试结果显示，邹市明的竞技水平发挥焦虑、对手实力焦虑和比赛准备焦虑高于常模水平，社会评价焦虑、受伤焦虑和失败焦虑低于常模水平（表 3－11）。这表明邹

市明在此届伦敦奥运会前对自己竞技水平的保持、发挥存在较大的担忧，同时一些重要对手实力的提高对其也造成一定的压力，而且其对于此届伦敦奥运会的心理、生理、技战术准备方面也存在一定的担忧。这些方面也就构成了教练组进行心理训练工作时所要解决的主要问题。当然，我们也可以看到，邹市明作为一名经验丰富的运动员，在面对社会评价、比赛可能带来的受伤和失败挫折时，具有较为积极的心态，表现出较低的焦虑水平，这也是我们对其进行心理辅导的力量来源。

表 3-10　邹市明竞赛状态焦虑水平各维度的描述性统计量表

	合计	均数	标准差
认知状态焦虑	18.0	16.2	19.52
躯体状态焦虑	14.0	15.6	18.36
状态自信心	30.0	23.7	27.53

注：常模数据来自：周成林. 运动心理测量与评价[M]. 呼伦贝尔：内蒙古文化出版社，2000：175.

表 3-11　邹市明运动认知特质焦虑水平各维度的描述性统计量表

	合计	均数	标准差
社会评价焦虑	13.0	13.5	3.8
竞技水平发挥焦虑	14.0	13.8	3.4
对手实力焦虑	13.0	11.6	2.2
比赛准备焦虑	16.0	14.9	3.9
失败焦虑	9.0	10.7	2.9
受伤焦虑	7.0	8.5	1.9

注：常模数据来自：张力为，毛志雄. 体育科学常用心理量表评定手册[M]. 北京：北京体育大学出版社，2004：68.

（二）意志品质特征

邹市明作为一名奥运会冠军，从比赛成绩来讲已经取得了其运动生涯的最高成就，但要保持这种高竞技水平，就需要在日常训练中付出更多，在比赛场上进行更顽强的拼搏，因而需要具有顽强的意志品质。一名优秀运动员的顽强意志品质表现在训练和比赛的自觉性、果断性、自制性、坚忍性和主动性等几个方面。我们运用《优秀运动员意志品质评价量表》（YZH－10－38×5）在此届伦敦奥运会前 3 个月对邹市明进行了测试。测试结果显示，邹市明训练与比赛的果断性、坚忍性和主动性水平高于常模水平，而训练与比赛的自觉性水平和自制性水平低于常模水平（表 3－12）。这表明邹市明在训练和比赛中都表现出了果敢、坚忍和主动的优秀意志品质，这无疑对于其取得辉煌的成绩具有重要的价值。但邹市明作为一名奥运冠军，面对新的奥运周期，在训练和比赛的自觉性和自制性方面存在一定的局限，这也是我们对其进行赛前心理辅导的重要指向。

表 3－12　邹市明意志品质各维度的描述性统计量表

	合计	均数	标准差
自觉性	26.0	27.8	4.8
果断性	34.0	30.8	4.7
自制性	17.0	18.9	3.4
坚忍性	44.0	41.0	5.0
主动性	17.0	13.8	2.6

注：常模数据来自：张力为，毛志雄. 体育科学常用心理量表评定手册[M]. 北京：北京体育大学出版社，2004：46.

（三）运动动机特征

运动动机是决定运动员运动成就的关键因素。邹市明作为一名奥运会冠军，从运动成就来讲已经取得了其运动生涯的最高成就，那么保持这种高成就动机水平，对其在日常训练和比赛中，特别是对其在2012年伦敦奥运会这一重要赛事上再创辉煌具有重要意义。我们运用《竞技动机量表》（CMI），在此届伦敦奥运会前3个月对邹市明进行了测试。测试结果显示，邹市明在训练与比赛中，追求社会认可、竞技水平提高和感性体验的动机水平较高，而娱乐和努力取向的动机水平相对较低（表3－13）。邹市明对于自己的运动成就所带来的社会影响，已经具有了深刻的社会体验，因此他很清楚自己在此届奥运会上的成败对其社会价值所带来的影响，这成为其坚持训练和参加比赛的重要动力。而邹市明作为一名奥运冠军选手，在训练和比赛中提高自身能力和竞技水平、享受比赛所带来的各种体验，成为其典型的内部动机，这将增强其坚持参与该运动项目的信心。但我们同时发现，对于比赛，他认为获胜比娱乐更为重要、比赛并非单纯的玩耍，因此在娱乐动机上表现较弱。对于邹市明而言，每一次付出努力和坚持，就是为了获胜，这从积极的角度来看是促进其坚持下去的重要力量来源，但同时我们也应看到潜在的危险。如果在此届伦敦奥运会上，他不能像以往一样掌控比赛，而是感受到威胁，其心理负担就会陡然增加，这势必影响其运动表现。因此，如何引导其正确认识运动生涯、训练和比赛，成为我们心理辅导工作的一个重点。

表3－13 邹市明竞技动机各维度的描述性统计量表

	合计	测验题目数	得分范围
社会认可	29	8	8～32
竞技水平提高	30	8	8～32
娱乐	14	6	6～24
感性体验	23	6	6～24
努力取向	16	6	6～24

二、邹市明 2012 年伦敦奥运会赛前心理调控

心理调控是指有目的、有意识地对运动员的心理特征施加影响，并采用一定的办法和手段以帮助运动员形成良好的心理状态和个性心理特征。培养和发展运动员的心理技能，对运动员技术、战术的发挥至关重要。结合邹市明 2012 年伦敦奥运会前心理状态的特点，本书提出如下心理调控与训练方法。

（一）赛前心理教育与咨询的程序设计

对于运动员赛前心理教育与咨询的程序设计，我国运动心理学工作者肖开宁开发了心理教育与训练系统，整个系统分为 4 个阶段：基础训练阶段（6 个月）、赛前针对性训练阶段（赛前 2 个月开始）、临场心理调节和咨询阶段、赛后心理恢复阶段。[①]丁雪琴提出了心理教育与训练的 6 个阶段：教育、实践、实施计划、坚持、评价、收获。[②]本书根据拳击专项特点和开展相关工作的经验，将运动员赛前心理教育与咨询的程序设计如下：

①确定辅导的对象，以确定关系。如果不能由一个全职的运动心理学工作者长期跟队，那么就要培训运动队的现有人员，与运动心理学工作者合作开展心理教育与咨询。

②与运动员的初次见面是关键的一步。要通过案例陈述让运动员相信心理教育与咨询的有效性。要强调心理训练与技术、体能训练一样重要，应平等对待它们。

③丰富运动心理学工作者的运动体验。运动心理学工作者应与

---

① 肖开宁. 全面系统专门化心理训练的理论与实验研究：一种全面咨询和影响的心理训练系统[J]. 体育科学，1986（2）：56－60.

② 丁雪琴. 几种心理训练方法的应用效果及综合评价手段的研究[C]// 第五届全国体育科学大会论文摘要汇编. 北京：中国体育科学学会，1997.

运动员具有相似的运动体验。一名运动心理学工作者不仅仅是心理学工作者，也是体育科学工作者，应该在心理学、生物学、生理学和教育学方面对运动员所从事的运动非常了解。

④建立评估计划。要了解运动员现有心理技能的起点水平、优势和劣势。具体方法有访谈法，访谈法是建立信任关系的重要方法。可以通过心理技能行为剖面图了解运动员当前的心理技能（图3-6），也可以通过观察运动员的训练和比赛来了解运动员。此外，使用客观的纸笔测验如EPQ、16PF、成就归因、抱负水平、责任感、应对困境能力、赛前心理准备状态、赛前情绪状态、赛前自我心理控制能力等，也是很有价值的。

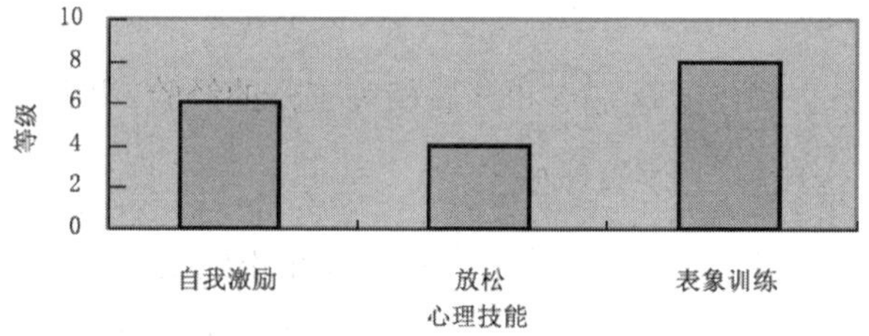

图3-6　心理技能行为剖面图

⑤确定需要教授的心理调控方法。在心理调控方面有目标设置、放松、自我暗示、注意力集中技巧、自我催眠、表象训练等方法。在行为调控方面主要帮助运动员形成良好的注意力集中能力，在赛前、赛中和赛后都可实施。例如，运动员在比赛前缺少表现自信方面的心理技能，那么运动心理学工作者就要教授其自我暗示、自我催眠和表象训练的方法。

⑥采用不同方式对运动员赛前心理状态进行教育与调控。建立

合理的赛前认知方式，主要运用心理教育法；采用讲座、讨论、技术动作录像等手段，指出运动员赛前心理活动特点与存在的不足，以提高其赛前认知水平；分析优秀运动员创造最佳运动成绩的条件和因素；进行正确的目标设置；明确运动过程与结果的关系等问题；赛前帮助运动员进行放松训练、心境调节，使其保持良好的比赛心理准备状态；帮助运动员养成良好的赛前作息习惯，每天训练结束后进行身体放松和心理放松；对运动员进行临场心理状态调控，主要采用自我监控手段；对运动员的情绪控制采用冷化控制、转化控制和激化控制相结合的方法。

⑦对运动员赛前的心理教育和咨询效果进行评价。通常参考的指标包括比赛成绩、相关的生理（如肌电变化）、生化（如血液中的肾上腺素含量变化）或心理指标。

（二）赛前心理调控的实施

随着拳击运动员技术水平的提高，运动员赛前的心理调控能力显得尤为重要。教练员通常说的比赛型运动员与训练型运动员的主要区别在于其在比赛中的控制性和适应性。运动员在比赛时处于紧张激烈的气氛中，其对成绩的更迭交错保持镇定尤为重要。运动员心理调控能力强，有助于消除紧张情绪，使心理和机体都处于积极准备状态中，这对运动员的运动表现发挥影响较大。针对邹市明赛前的心理状态特点，我们对其进行了如下心理调控能力训练。

1. 结合音乐的放松训练

利用音乐放松系统训练运动员的放松能力、情绪调控能力，从而提高其压力应对能力。生物反馈仪上的数据显示，音乐放松治疗后，人的血压下降、心率减慢、皮温增高、肌电下降、血容增加，人的内稳态恢复。音乐放松治疗与心理治疗相结合，有助于让运动员采取积极的应对方式对待比赛和对抗应激，这对维持和提高运动员的心理健康水平，确保其技战术水平的发挥具有积极的作用。

邹市明本身就喜欢音乐，为此国家拳击队专门为他配备了一台“体感音波治疗仪”，这种体感音乐疗法是一种新兴的、基于现代音乐治疗技术的自然生态疗法。

体感音波治疗仪将音乐中 16～150 赫兹的低频信号分拣出来并经增幅放大，通过物理换能作用于人体。这种完美的谐振能对人体产生深度的放松与理疗作用，即通过骨骼和神经传导等作用，大大激活大脑原皮质和旧皮质区域的功能，有效调整人的自主神经系统功能，促进人体微循环并带来全身性的基础改善（如血压、心率、呼吸、皮温等的改善），使音乐治疗的生物干预度大幅提升，是现代心身医学的一项重大突破。在训练之余，邹市明经常躺在这台治疗仪上睡觉、听音乐，得到了非常好的放松、治疗和心理调节。

2. 注意力训练

注意力作为心理活动的调节机制与空中技巧有着密切的关系，因此运动心理学工作者要帮助运动员避免环境和内心杂念的干扰。注意力训练可按如下程序进行：①进入赛场前环顾一下周围环境，即使熟悉也要照做；②将注意力转移到裁判员看台，暗示自己今天会有出色的表现；③将注意力集中到自己身上，注意自己的呼吸；④开始做肌肉放松练习，先收缩再放松；⑤对即将进行的整套动作做心理演练；⑥将注意力转移到对手，缩小视野，锁定即将开始的比赛的对手。

3. 激励训练

日复一日的训练必定使运动员产生心理疲劳，有的运动员可能出现不良情绪反应甚至情绪失控。运动心理学工作者可以经常播放各种大赛开幕式或中国获得冠军的运动员的比赛、领奖等录像，并让运动员叙述自己的感受，把自己的理想写在纸上，使运动员保持积极的训练状态，以有效提高训练效果；经常向运动员转达来自其家人、朋友的问候与期待；引导运动员回忆自己获得最好成绩的那次比赛。应该注意的是，教练员的言行举止对运动员的心理变化可以产生直接的影响，所以教练员在指导训练时应注意自己的外显情绪。教练员还要善于发现运动员的心理变化，鼓励运动员同困难做斗争、战胜困难，以获得理想成绩。

4. 应激与应变能力训练

应激是在紧急情况下出现的情绪状态。适度应激反应可以调动运动员的情绪，使其积极应对紧急情况；过度应激反应会使运动员认知水平下降，导致运动效能下降。大赛时难免出现各种突发事件，如比赛场地改变、意外受伤、裁判员故意不公平打分等。教练员在平时训练时要有意识地培养运动员的抗干扰能力，模拟比赛中可能出现的突发事件，如突然改变场地、停止或延后比赛、裁判员故意不公平打分、家属观战等，让运动员迅速做出反应并保持体力，把主要精力集中在如何发挥自己的技术动作上。如果运动员出现分心或紧张情绪，可排尿放松，做几次深呼吸，或进行自我暗示使情绪稳定。运动员只有练就过硬的心理技能，才能在赛场上完全发挥自己的水平。

小 结

邹市明在运动认知特质焦虑上表现出对于竞技水平发挥、对手实力和比赛准备等方面的担忧；在意志品质特征上表现为自觉性和自制性有待提高；在运动动机上应认识到过分看中获胜的潜在危险，以上几种心理状态特征构成教练组对其进行心理调控的重要指向。

针对邹市明 2012 年伦敦奥运会赛前的心理状态特点，教练组开展赛前心理教育与咨询，结合专项技战术训练对其进行放松训练、注意力训练、激励训练和应激与应变能力训练，有助于提高其赛前心理调控能力。

参考文献

[1] 杨桦. 竞技体育与奥运备战重要问题的研究[M]. 北京：北京体育大学出版社，2006. 127–143.

[2] 王金灿. 运动选材原理与方法[M]. 北京：人民体育出版社，2005：147.

[3] 何正方. 女子拳击[M]. 上海：上海科学技术出版社，2008.

[4] 黄秉宪. 脑的高级功能与神经网络[M]. 北京：科学出版社，2000.

[5] 周成林. 运动心理测量与评价[M]. 呼伦贝尔：内蒙古文化出版社，2000.

[6] 张力为，毛志雄. 体育科学常用心理量表评定手册[M]. 北京：北京体育大学出版社，2004.

[7] 高亮. 我国优秀武术散打运动员竞技能力特征与评价研究[M]. 北京：北京体育大学出版社，2010：71–72.

[8] 李玉刚，严发本，王茵. 拳击摆拳动作的生物力学分析与评价[J]. 武汉体育学院学报，2003，37（1）：44–46.

[9] 任向景. 对业余拳击运动员赛前减体重法的探讨[J]. 体育科学研究，2001，5（1）：56–58.

[10] 马毅，李文华，唐光大. 不同水平女子拳击运动员无氧代谢能力特征研究[J]. 沈阳体育学院学报，2008，27（2）：1–3，10.

[11] 李昆. 从新疆十运会、十一运会拳击比赛分析目前新疆拳击技

术发展中存在的问题[J]. 湖北体育科技，2007，26（4）：490－492.

[12] 于升东. 我国拳击发展与拳击技术应用分析[J]. 科技创新导报，2009（29）：248.

[13] 李宗浩，孙敬，张欣，等. 高水平排球队核心竞技能力、制胜规律及其对策研究[J]. 北京体育大学学报，2008，31（7）：865－867.

[14] 杨鹏飞，柳建庆，于志华. 篮球比赛制胜因素的运动规律探析[J]. 武汉体育学院学报，2005，39（10）：88－91.

[15] 王博，李洁，张晓奕. 不同运动强度对运动员血乳酸影响的研究进展[J]. 河北能源职业技术学院学报，2009，9（1）：76－78.

[16] 崔松，刘旭东，刘庆华. 我国高水平拳击运动员专项素质训练现状及对策研究[J]. 解放军体育学院学报，2002（4）：35－38.

[17] 杨世勇. 优秀举重运动员减体重战术的研究[J]. 成都体育学院学报，2003（4）：66－69.

[18] 陈勇，李湘，何莹. 针刺疗法为主控制柔道运动员体重的研究[J]. 河北中医药学报，2005，20（3）：29－30.

[19] 翁庆章. 过度训练：当前的认识[J]. 中国体育科技，2001，37（1）：15－17.

[20] 冯连世，黄徐根，赵鹏，等. 运动员减体重研究现状[J]. 体育科学，2005（9）：59－68.

[21] 高红，杨则宜，王启荣，等. 中国优秀运动员身体成分的初步研究[J]. 中国运动医学杂志，2003，22（4）：362－367.

[22] 包明明，斯力格. 参加第20届冬奥会自由式滑雪空中技巧中国队女运动员意志品质水平分析[J]. 沈阳体育学院学报，2006（5）：21－23.

[23] 斯力格，江勇，欧晓涛. 我国自由式滑雪空中技巧运动员流畅

状态特征及其特质性心理因素的关系研究[J]. 沈阳体育学院学报，2010，29（6）：13－15.

[24] SNYDER A C. Overtraining and glycogen depletion hypothesis [J]. Medicine & Science in Sports & Exercise，1998，30（7）：1146－1150.

[25] 申彦昌. 武术散打竞技制胜规律研究[D]. 北京：北京体育大学，2006.